中国民办教育发展报告
NO.2

ANNUAL REPORT ON CHINA'S PRIVATE EDUCATION:
PRIVATE HIGHER VOCATIONAL EDUCATION No.2

民办高等职业教育

吴 霓等／著

社会科学文献出版社
SOCIAL SCIENCES ACADEMIC PRESS (CHINA)

主要编撰者简介

吴　霓　男，1965 年 9 月生，布依族，教育学博士，研究员，中国教育科学研究院教育发展与改革研究所所长。1988 年毕业于北京师范大学教育系，获教育学学士学位；1990 年毕业于西南师范大学教科所，获教育学硕士学位；1995 年毕业于北京师范大学教育系，获教育学博士学位，为中国布依族的第一位教育学博士；1998~1999 年获德国德意志学术交流基金（DAAD）资助赴德国柏林洪堡大学、柏林工业大学做访问研究。1990 年至今在中国教育科学研究院工作。

兼任职务：中国教科院党委委员；中国教科院高级职称评审委员会委员；全国民办教育协作创新联盟理事长；中国教育科学研究院学术委员会委员；《新教育》杂志主编；教育部农民工子女教育研究项目办公室秘书长；中国教育科学研究院博士后导师、访问学者导师；西南大学博士生导师、天津师范大学博士生导师；北京邮电大学、重庆师范大学、贵州师范大学硕士生导师。

研究领域：1. 教育政策；2. 农民工子女和留守儿童教育；3. 区域及学校教育发展规划；4. 留学教育；5. 私学和民办教育；6. 教育质量管理。

课题组核心成员：吴　霓　李　楠　罗　媛　王伯庆　王　帅

摘　要

伴随着民办教育制度环境的不断改善，近年来民办高等职业教育取得了较快较好的发展，已经逐渐成为高等教育和教育事业的重要组成部分。

总报告，系统分析了我国民办高职教育的发展趋势，思考和梳理其在发展进程中面临的问题，进行前瞻性的布局谋篇，以便更有效地发挥民办高职教育的作用与价值，为国家教育事业繁荣、产业结构调整和经济社会转型发展提供有力的支撑。当前，民办高职教育呈现从外延式向内涵式发展、优胜劣汰与合并重组、向职业教育的高层次办学发展、依法办学和分类管理、加强联合办学和产学合作、集团化办学等趋势。同时，民办高职教育还面临着办学资金困境和管理不完善、招生的"量"与"质"困境、专业设置不合理和人才培养方案不完善、实习不充分和实训基地建设薄弱、教师队伍建设与发展薄弱、追求升格与转型的困境等多方面的问题。新时代，可从以下几个方面采取举措，进一步推进民办高等职业教育发展：重视培育学生的工匠精神；抓住"一带一路"建设机遇，建立开放互通的职业教育合作框架；加强协同办学，创新发展机制；调整生源结构，多渠道拓展生源；树立品牌竞争意识；推动建立职业教育认证的国家资格框架；瞄准国家战略需要和产业发展需求积极抓住发展机遇。

发展篇，对中国民办教育整体的发展概况和各级各类民办教育的发展状况进行了较为系统和全面的检视，呈现了民办教育发展的基本面貌。当前，我国民办教育的改革与发展，以法律法规和政策创新为突破口，创造了有利于民办教育健康发展的制度环境。在制度环境改善的促动下，民办教育取得了较为快速的发展，民办教育事业不断繁荣。全国各级各类民办教育的发展规模进一步壮大，办学条件逐渐改善。尤其是新《民办教育促进法》的颁布实施，为促进民办教育健康发展提供了更强大的法律保障，各地的配套政策制度也日渐完善，推动民办教育事业取得了新的进展。

专题篇，包括三个专题研究篇章，分别是：

一是，中国民办高等职业教育的政策回顾与发展现状。改革开放以来，国家大力推动了民办高等职业教育有关的法律法规与政策变革，通过加强政府引导，鼓励和支持民间资金投入高等职业教育事业，并强化规范体系建设，推进对民办高职院校的规范管理。2011～2015 年，民办高职学校数量略有波动、基本持平，而民办高职学校数占全国高职学校数的比例略有下降。此外，在地区分布、专业分布、教师构成、毕业生就业状况等方面，民办高职教育也呈现较为突出的特点。

二是，中国民办高等职业教育的典型案例。在良好的政策与社会环境下，中国民办高等职业教育取得了较好的发展，并涌现出了一批办学特色突出的典型案例。尤其是上海思博职业技术学院、海南科技职业学院、广东岭南职业技术学院、成都艺术职业学院，从教育发展规律出发，立足自身资源条件，瞄准经济社会发展需求，在全面育人、创新发展、彰显特色等方面做出了积极的探索。

三是，外国私立高等职业教育的政策、实践与启示。澳大利亚、德国、美国等国家重视出台支持和规范私立高等职业教育发展的法律法规与政策，进行了较为成功的政策与实践探索。澳大利亚政府注重对私立职业教育与培训进行公共资助，同时强化监管；德国在"双元制"教育模式下，探索有效的管理体制，促进企业参与职业教育；美国通过设立质量认证机构，建立了对私立高等职业教育的质量保障机制。这对于我国有着较好的借鉴启示意义。

Abstract

With the continuous improvement of private education system environment, private higher vocational education has made rapid and better development in recent years, and has gradually become an important part of higher education and education.

The general report systematically analyses the development trend of China's private higher vocational education, considers the problems it faces in the process of development, and makes a forward-looking layout, so as to give more effective play to the role and value of private higher vocational education, and put forward suggestions for the prosperity of national education, the adjustment of industrial structure and the transformation of economy and society. At present, private higher vocational education shows the trend of development from extension to connotation, the survival of the fittest and the merger and reorganization, the administration of schools according to law and classified management. At the same time, private higher vocational education is also facing the difficulties of running school funds and management imperfection, the "quantity" and "quality" dilemma of enrollment, unreasonable specialty setting and imperfect personnel training program, inadequate practice and weak training base construction, weak construction and development of teachers, and the dilemma of pursuing promotion and transformation. In the new era, measures should be taken from the following aspects to further promote the development of private higher vocational education, such as cultivating students' craftsmanship spirit, seizing the opportunity of "one belt and one road", establishing an open and cooperative framework for vocational education, strengthening cooperation in running schools, innovating the development mechanism, adjusting the structure of students' sources, expanding students in various channels, promoting the establishment of national qualification framework for vocational education certification, and aiming at national strategic needs and industrial development needs.

The development section offers an overall development situation of private education in China and the development status of various types of private education at all levels, and shows the basic outlook of the development of private education. At present, the reform and development of private education in China has created a favorable institutional environment for the healthy development of private education through the breakthrough of laws, regulations and policy innovation. Promoted by the improvement of the institutional environment, private education has made relatively rapid development. The scale of development of all kinds of non-governmental education at all levels in the country has further expanded, and the conditions for running schools have gradually improved. Especially the promulgation and implementation of the new law has provided a stronger legal guarantee for promoting the healthy development of private education, and the supporting policies have been gradually improved, which has made new progress in promoting the cause of private education.

Thematic articles include three thematic research chapters.

Firstly, it is the policy review and development status of private higher vocational education in China. Since the reform and opening up, the state has vigorously promoted the reform of laws, regulations and policies related to private higher vocational education. By strengthening the guidance of the government, encouraging and supporting private funds to invest in higher vocational education, and strengthening the construction of the normative system, the state has promoted the standardized management of private higher vocational colleges. From 2011 to 2015, the number of private higher vocational schools fluctuated slightly and remained basically the same, while the proportion of private higher vocational schools in the number of national higher vocational schools decreased slightly. In addition, private higher vocational education also shows prominent characteristics in the areas of regional distribution, professional distribution, teacher composition and graduate employment.

Secondly, typical cases of private higher vocational education in China. Under the favorable policy and social environment, private higher vocational education in China has made good progress, and a number of typical cases with outstanding characteristics of running schools have emerged. Especially Shanghai Sibo Vocational and Technical College, Hainan Vocational College of Science and Technology, Guangdong Lingnan Vocational and Technical College, Chengdu Vocational College of Art, from the perspective of the law of educational development, based on their own resources, aiming at the needs of economic and social development, have made positive exploration in the aspects of comprehensive education, innovative development and highlighting characteristics.

Thirdly, it is the policy, practice and enlightenment of foreign private higher vocational education. Australia, Germany, the United States and other countries attach great importance to enacting laws, regulations and policies to support and regulate the development of private higher vocational education, and have carried out relatively successful policy and practical exploration. The Australian government pays attention to public funding for private vocational education and training, while strengthening supervision. Germany explores an effective management system under the "dual" education model to promote enterprises' participation in vocational education. The United States has established a quality assurance mechanism for private higher vocational education through the establishment of quality certification agencies. These experiences have a good enlightenment for our country.

目　录

Ⅳ 案例篇

Ⅴ　借鉴篇

总 报 告

General Report

中国民办高等职业教育的
发展趋势、问题与对策

吴 霓*

摘 要： 民办高等职业院校是我国职业教育的重要载体和举办形式。在改革开放 40 多年的发展历程中，我国民办高职教育已经逐渐成为高等教育和教育事业的重要组成部分。当前，民办高职教育呈现从外延式向内涵式发展、优胜劣汰与合并重组、向职业教育的高层次办学发展、依法办学和分类管理、加强联合办学和产学合作、集团化办学等趋势。同时，民办高职教育还面临着办学资金困境和管理不完善、招生"量"与"质"的困境、专业设置不合理和人才培养方案不完善、实习不充分和实训基地建设薄弱、教师队伍建设与发展薄弱以及追求升格与转型的困境等多方面的问题。

---

* 吴霓，教育学博士，研究员，中国教育科学研究院党委委员、教育发展与改革研究所所长。

新时代，我们可从以下几个方面采取举措，进一步推进民办高等职业教育发展：重视培育学生的工匠精神；抓住"一带一路"机遇，建立开放互通的职业教育合作框架；加强协同办学，创新发展机制；调整生源结构，多渠道拓展生源；树立品牌竞争意识；推动建立职业教育认证的国家资格框架；瞄准国家战略需要和产业发展需求积极抓住发展机遇。

关键词： 民办　高等职业教育　创新转型

职业教育是我国教育事业的重要组成部分，承担着为中国特色社会主义培养高级技能型人才的重任。《国家中长期教育改革和发展规划纲要（2010～2020年)》指出："到2020年，形成适应经济发展方式转变和产业结构调整要求、体现终身教育理念、中等和高等职业教育协调发展的现代职业教育体系，满足人民群众接受职业教育的需求，满足经济社会对高素质劳动者和技能型人才的需要"[1]。

我国民办高职院校是职业教育的重要形态之一，自改革开放以来，随着我国经济的高速发展和社会的不断进步，民办高职院校同民办教育一起应运而生，历经1978年以来40多年的艰难成长，民办高职教育逐渐成为我国高等教育和职业教育的重要组成部分。同时，随着经济社会的发展进步，我国产业结构也不断升级调整，对技能人才的需求也不断升级调整，这是一个动态的供需结构变化过程，可以说，社会的产业结构升级调整力度越大，对职业教育培养人才的改革和需求也就越迫切。从经济发达国家工业化发展的历

---

① 国家中长期教育改革和发展规划纲要工作小组办公室：《国家中长期教育改革和发展规划纲要（2010－2020年)》，http：//old. moe. gov. cn/publicfiles/business/htmlfiles/moe/info_ list/201407/xxgk_ 171904. html，2010－07－29。

程和经验可以得知，职业教育在工业体系发展中具有十分重要的战略地位，因此，作为职业教育的重要组成部分，我国民办高职院校在我国经济社会发展中承担着较为重要的人才培养重任。通过系统研究和分析我国民办高职教育的发展趋势，思考和梳理其在可持续发展进程中面临的问题，进行前瞻性的布局，可以更有效地为国家的产业结构调整、经济社会快速发展提供有力的借鉴。

一 民办高等职业教育的发展趋势

我国正在进行全面深化改革，经济发展方式转变和供给侧结构性改革对教育的发展提出了新的要求。随着高等教育大众化的不断深入推进，我国高等教育的改革与发展也进入了"深水区"。在中国特色社会主义新时代，经济建设发展需要高素质技能人才与之相匹配。这一时期，我国民办高职教育呈现以下重要的发展趋势和特征。

（一）民办高职教育将实现从外延式发展向内涵式发展的转变

从我国民办高职教育的发展历程来看，这些院校基本上都是硬件先行、走规模扩张的发展路子。这种外延式的发展模式，短时间内一方面实现了民办高职教育的规模扩张，另一方面也实现了办学积累，并在一定程度上满足了社会接受高职教育的需要，为高等教育大众化做出了贡献。但从长远来看，这种扩张是一种非常态的发展路径。由于片面强调规模和速度，许多学校出现办学定位不清晰、教育资源供给不足、教育方法和手段滞后、适应产业发展需求跟不上等问题，进而也影响到民办高职教育的整体办学质量，只能依赖学费和扩大办学规模来支撑学校的可持续发展。

目前，不少民办高职院校纷纷通过举办成人高等教育、远程教育、技能培训等扩大办学规模，以维系筹措办学资金和充分利用现有教育资源的需要，但这只能作为办学策略的权宜之计。民办高职院校在基本完成办学原始积累进入资本积累阶段后，应该逐年减少与学校办学核心定位不相符的其他层次的类型教育，以集中优势突出办学特色，提高教育质量。从民办高职院校的数量来看，未来还会有所增长，但不会增长太快。因为根据规模与质量的辩证关系，一个事物在经过一定阶段的规模发展之后，必然进入到质量调整的阶段。因此，从发展趋势来看，数量的低速度增长与内涵的高品质提升，将构成民办高职院校未来一个时期发展的显著特点。逐渐放慢规模扩张的步伐，不断深化人才培养模式的改革，提高技能型人才的培养质量，实现从外延式数量扩张向内涵式质量发展转变，是我国民办高职教育今后发展的必然趋势。

（二）民办高职教育将经历一个优胜劣汰、合并重组的过程

经过改革开放以来艰难的发展历程，民办高职教育已成为我国高等教育事业的重要力量。然而，从目前的发展状况看，我国民办高职院校普遍面临办学资金紧缺、师资队伍不稳定、内部管理体制混乱、学校产权不明晰等诸多问题的困扰。尤其是随着高等教育适龄人口的下降，作为民办高职院校发展的生命线——生源问题将愈加突出，直接制约民办高职教育的生存和发展。作为办学质量不高的民办高职院校，首先面临停办乃至破产的可能。可以说，这就决定了在今后一段时间内，将会出现民办高职院校通过合并、收购等方式进行重组的现象。这样的情况应该是具有一定的积极意义的。这对于提高民办高职院校的规模效益和办学质量，实现内涵式发展具有重要的现实意义，也是民办高职教育发展的战略选择。

（三）民办高职教育将向职业教育的高层次办学方向发展

我国民办高职教育的教育层次基本上都是属于专科层次。随着现代职业教育体系的建立和完善，以及民办高职教育的不断发展壮大和办学实力的不断增强，民办高职教育的办学层次必然要向本科、研究生阶段提升。而且，国家政策已经明确公办示范性高职院校不得"升本"，非示范性的公办高职院校的"升本"也将受到严格控制，这就为民办高职教育的办学层次提升

带来了机遇。可以说，在高层次技能人才培养上，今后一段时间本科层次的增长将主要依靠民办高职院校来实现。但是，从职业教育的属性和定位来看，民办高职院校提升办学层次并不是简单的传统意义上的办学层次的提升，而是紧扣职业教育的发展特点、产业结构调整以及国家对高技能人才的需求来进行谋篇布局，民办高职教育的办学层次将始终坚持职业教育方向。目前，一些省份已经有一些好的实践探索值得借鉴。例如，深圳职业技术学院进行的四年制本科办学的探索；浙江、上海等地也探索构建职业教育"立交桥"的办学方案；等等，这些都对构建互融互通的职业教育体系做出了有益的尝试。民办高职教育从专科上升为本科乃至专业学位研究生教育，是民办高职教育内涵式发展的必然趋势。

（四）落实营利性和非营利性民办高职院校分类管理

改革开放以来，我国民办高职教育紧贴市场需求，强化自主办学，取得了长足的发展。但由于对民办高职院校合理回报的经济性质认识不统一，民办学校法律属性不明确、产权归属不清晰，这给民办高职院校的规范管理和政策落实带来了很大的困难。2016年11月新《民办教育促进法》颁布，明确提出了民办学校营利性和非营利性分类管理的要求。对于民办高职院校而言，实行营利性和非营利性的分类管理，不仅是明确民办高职院校法人属性、实行法人分类管理的需要，同时也是落实国家对民办高职教育的扶持政策、促进民办高职院校规范管理的需要，对进一步促进和规范民办教育健康发展具有非常重要的意义。

（五）民办高职院校将进一步加强联合办学和产学合作

内涵发展和质量提升将引领民办高等职业院校与具有特色的其他高等教育机构合作办学，各自利用专业、师资、设备、场地等优势，谋求新的生存发展空间。既可以民办高等职业院校之间实行联合办学，组建职业教育集团；也可与境外教育机构进行合作开展跨境技能培训或学历教育；还可以与劳动部门合作开展相关技能培训；等等。同时，职业教育的产业属性使得民办高职教育始终以满足市场和企业的需求为出发点和落脚点，不断夯实产学合作，充分彰显产学合作特色，较好地满足高技能人才的精准培养需求。民办高职院校应对市场最敏感，在开展产学合作上可以非常充分地利用企业、学校的资源，将它们有效结合起来打造成合作研发、合作育人的平台。推行产学合作是民办高等职业教育改革与发展的必由之路。而且从民办高职院校生存发展来看，能很好地满足市场的需要，这样就能获得大量的经费支持。这是除了学费之外，民办高职院校获得的可持续发展经费来源。在这个意义上，民办高等职业院校也必须面向社会和企业寻求支持。因此，加强产学结合不仅有利于民办高等职业院校内部教育资源的有效整合，提高教育资源的利用率及办学效率，而且也会大大推动民办高等职业院校办学模式的改革与人才培养模式的优化。

（六）依法办学、规范管理的程度不断提高

随着依法治国总体步伐的推进，以及教育领域法律法规的不断健全、市场经济发展环境日趋成熟和完善，民办教育的发展也越来越规范。作为民办教育高层次类型的民办高等职业教育，也将在这样的政策促进下，在原来的野蛮生长中重生，逐渐走上依法办学、规范管理的轨道。民办高职院校只有从各个方面全方位不断趋于规范，提升对依法办学的认识和规划管理的水平，才能得到社会的充分认可、政府的大力支持、家长学生的满意度提升，也只有这样才能获得可持续健康发展。

（七）民办高职教育集团化办学将得到大力推进

开展民办高等职业教育集团化办学，是全面深化产教融合、实施校企合作、激发民办高等职业教育的办学活力、促进民办高职院校与社会企业的优质资源开放共享的重要举措；是提升民办高职教育治理能力、完善民办高等职业院校内部治理结构、健全政府对民办高等职业教育扶持的有效途径；是推进现代民办高等职业教育体系建设、更加系统地培养高技能人才的重要载体；是服务我国当前和未来经济发展方式转变、促进技术和技能的积累和创

新、同步推进民办高等职业教育与经济社会协调发展的有力支撑。可以说，加快发展现代职业教育，深入推进集团化办学是民办高等职业教育内涵发展和质量提升的重要方向。2015 年《教育部关于深入推进职业教育集团化办学的意见》提出，"以深化产教融合、校企合作，创新技术技能人才系统培养机制为重点，充分发挥政府推动和市场引导作用，本着加入自愿、退出自由、育人为本、依法办学的原则，鼓励国内外职业院校、行业、企业、科研院所和其他社会组织等各方面力量加入职业教育集团，探索多种形式的集团化办学模式，创新集团治理结构和运行机制，全面增强职业教育集团化办学的活力和服务能力。"

目前，在政府的宏观调控和政策扶持下，一些地区通过市场调节对集团化办学资源进行基础性配置，组建了使集团化办学成为资源共享、功能齐全、面向市场、服务社会的育人实体。例如，山东省积极推进"以名牌职业院校为龙头，以专业为纽带，由企业和学校参与的校企结合、城乡结合、校校结合"的发展思路，把企业与学校、学校与学校联合起来。该省的山东现代学院实施校企共建工程，已与浪潮集团、北京新天亿教育集团等共建校内实训基地，开设"浪潮班""海尔班""润华班""佳怡物流班""百味堂班""齐鲁安替制药班""宏济堂班"等 20 多个校企合作订单班，校企共同招生、培养和管理，共同确定人才培养方案、课程标准等，实现了学校与企业的深度融合。

大力推进民办高等职业教育的集团化办学，实现校企之间优势互补、资源共享，一方面既为民办高职院校的发展提供了较为充足的资金，也为学生的技能培养和顺利就业创造了很好的条件，另一方面更是为企业提供了源源不断的合格高技能人力资源，实现民办高职院校办学、人才培养、企业发展的共同可持续，大力促进经济社会的发展。

二　民办高等职业教育存在的问题

民办高等职业教育兼具民办教育、职业教育、高等教育三者属性。由于历史发展和教育结构固有的问题，民办高等职业教育也受民办教育发展困局和职业教育发展薄弱因素的影响。虽然有一批独具办学特色、发展态势良好的民办高职院校涌现，但与公办高等职业院校相比，很多民办高职院校由于起步晚，获得的资源不足，尚处于缓慢发展、举步维艰的阶段，还未形成健康、良好的可持续发展局面，存在的问题还较为突出，民办高职院校面临的问题有以下几个方面。

（一）办学资金困境和管理不完善

1. 办学资金困境

民办高职院校的办学资金来源主要有：招收学生的学费收入、政府部门的资助、社会的捐赠、通过学校开展社会服务与销售获得的收益等。在以上这几个资金来源中，招收学生的学费收入是民办高职院校的主要经费来源，应该说是民办高职院校办学资金的绝对主体。而政府部门通过公共财政资助民办高职院校的情况目前看还显得不够充足，至于获得社会的捐赠也是微乎其微。由于民办高职院校的专业学科性质及师资的情况，要开展社会服务获得办学资金收益，也是比较艰难的。所以总体上看，靠招生获得学费收入基本成为民办高职院校办学经费的唯一来源。这样脆弱的经济支撑体系，很容易使民办高职院校陷入困境乃至绝境。因此，办学经费来源单一且短缺和不稳定，成为制约民办高职院校发展的关键性问题。民办教育的发展需要政府的大力支持，我国颁布的新《民办教育促进法》就列专章"扶持与奖励"，从政府设立专项资金、购买服务、税收优惠、鼓励捐赠、鼓励金融信贷开放、优惠用地等方面用法律条文的形式规定了政府支持的各种类型。但是，由于体制机制的原因，目前现实情况却不太理想，政府的财政支持仍较为有限，民办高职院校绝大多数还都是依靠收取学生的学费作为办学资金的主要来源。因此，在政府对于民办高职院校的财政支持方面，还有较大的扩大和改善空间。

2. 管理不完善

民办高职院校管理不完善问题有两个方面：一是外部管理不完善。从政府教育管理部门来看，民办教育（包括民办高职教育）的管理部门是教育部发展规划司下设的民办教育管理处，而全国职业教育最高的归口管理部门是教育部职业教育与成人教育司下设的高职发展处。民办高职的管理横跨不同的司的两个处室，这就可能存在一定程度的管理权限不清晰、不到位或需要互相进行协调的问题。同时，有些省份的教育厅目前还没有设置专门部门具体负责民办高等职业学校的管理工作。这样的教育行政管理存在错位或协调不清的情况，导致对民办高职教育管理上的一些越位和缺位问题。如，对民办高职院校的内部管理问题不恰当地管控，民办高职院校在专业设置与调整、招生比例安排、师资结构分配、多主体办学等问题上缺乏充分的自主权，在一定程度上束缚了民办高职教育的发展。又如，对民办高职院校的发展规模和发展前景把握不清，有关经费资助不到位，而很多民办高职院校也无法获得足够准确全面的信息，这也在很大程度上制约着民办高职院校的发展。

二是民办高职院校的内部管理也很不规范。当前民办教育发展过程中涉及的现代学校制度薄弱问题在大多数民办高职院校也一样存在。在经济社会快速发展的过程中，在公办高职院校大踏步前进的形势下，民办高职院校就显得落后了，跟不上发展的需要。或者有一定的发展机遇，也由于管理制度不健全，很难得到合适的发展，也极易遭遇发展风险。

（二）招生"量"与"质"的困境

当前，民办高职院校在招生与生源上面临"量"与"质"的困境。量的困境是招生计划是否如期完成和实际招生的数量是否能满足学校生存的底线要求；质的困境是学校能否招收到符合培养要求的学生。现实的情况要残酷得多，从量的方面来看，由于近年来公办高职院校扩招，原来可能进入民办高职院校的生源流失掉进入公办高职院校，民办高职院校的生源增长空间被挤占。同时，在全球化大背景下，高等教育国际化发展步伐日趋加快，一部分有条件的学生选择赴境外留学，这也使得民办高职院校又流失了一定数量的生源。加之伴随出现的新"读书无用论"，原来有可能选择民办高职院校的目标生源越来越少，有的即使选择了民办高职院校，但实际的报到率偏低，并且呈现逐年下降的趋势。直接导致的结果就是，当前的民办高职院校招生数仅勉强能维系学校生存或在生存边缘挣扎。在这样的状态之下，民办高职院校很难再考虑发展问题。从质的方面看，社会上"重学轻术"思想的影响仍然存在，加上招生方面高职院校往往是在普通本科录取完之后才开始录取，这种制度上的安排使得高职教育生源的起点较低，低分生源入学人数较多，学生掌握基础文化知识的差异程度较大。尽管不能仅用分数来衡量学生的水平和能力，但由于以上原因，民办高职院校学生的学习基础薄弱、学习习惯差、学习程度参差不齐是一个普遍的事实。

（三）专业设置不合理，人才培养方案不完善

在民办高职院校的专业设置上，由于生源的影响及办学资金的匮乏，一些民办高职院校过分重效益轻投入，在专业的设置上往往过度追求数量和热度。这导致民办高职院校在专业设置上普遍存在三个方面的问题：一是专业设置与产业结构适应程度比较低，与区域经济的契合度不够密切；二是专业设置缺少自身办学特色，同类院校之间的同质重复率偏高；三是专业设置的市场调研较为滞后，开设适应区域经济发展的急需专业速度较慢。例如，受专业师资缺乏的影响，相当一部分民办高职院校开设的专业多是一些文科类的专业，如财务、会计等，民办高职院校存在专业设置趋同的倾向。目前，民办高职院校还存在一定的困难，主要表现在以下两个方面。

第一，存在违背高职教育价值与规律的现象，许多民办高职院校人才培养方案的原则性不强。这主要表现为：许多学校主动适应经济社会发展需求的意识不强，学校人才培养方案未充分体现高职教育的时代性、前沿性、社会性，缺乏培养学生社会责任感的大局意识；未能坚持继承与创新相结合，未充分体现高职教育的连续性、多样性，没处理好社会需求与技能型人才培养工作的关系。

第二，技能型人才培养规格缺乏科学设计，课程结构体系缺乏优化重

构。许多民办高职院校在课程体系建设方面较为薄弱，人才培养目标不能具体化为技能型人才培养规格，缺乏可操作性，无法实现知识结构、能力结构和素质结构共同发展的目标。对课程结构体系缺乏优化重构，忽视人才培养目标实现的关键所在和优化人才培养方案的核心问题，不利于学生的兴趣选择、个性化发展和终身发展，也影响了民办高职院校质量提升和可持续发展。

（四）实习不充分，实训基地建设薄弱

高等职业技术教育非常强调实践性和应用性等训练特性，在人才培养方面对实践环节的要求较高，但目前民办高职院校在此方面还存在一些问题。首先，实习实训基地缺乏，学生动手实践能力的培养欠缺条件保障。由于资金的缺乏，一些民办高职院校的实习实训基地建设无法得到有效的保障，尤其是一些新兴专业。其次，原有的实训设备老化和硬件老旧，使得学生的实习和实训不能取得良好的效果。很多民办高职院校的实训设备设施跟不上工业和生产流程的变化，不能适应当今社会发展对技能型人才培养的需要。

此外，即使有少部分民办高职院校拥有较为完善的硬件和软件设施，但受专任教师缺乏和现有教师素质不达标因素的影响，这些设施也没能物尽其用发挥出应有的教育教学功能，具体表现在以下几个方面：第一，实习、实训的安排不合理，未能充分根据学生和教学的需要合理安排实习、实训工作。第二，缺乏教师有效到位的指导，一些实习、实训流于形式，没有质量。第三，一些实习、实训未能做到与社会进行有效对接，与市场的需要脱节。因此，民办高职院校由于实践环节薄弱，学生必需的实习、实训时间得不到有效保障，学生的实践能力和动手能力得不到有效训练，严重影响了民办高职院校应用型人才培养的质量。

（五）教师队伍建设与发展薄弱

1. 师资结构"两头宽、中间窄"

民办高职院校由于人事管理体制的不完善，很多院校引进教师的途径比

较单一，大体上看，民办高职院校引进的教师主要由三部分构成：第一部分是高校应届毕业生；第二部分是其他公办高校的退休老教师，这部分教师可以提高高职院校的高职称教师比例；第三部分是具有丰富教学经验的中年教师，这部分教师人数较少。因此，民办高职院校的师资结构出现了应届高校毕业生和公办退休教师群体"两头宽"、中年教师群体"中间窄"的现象。这样的教师结构，制约了民办高职院校教学质量和科研水平的提升。

2. 教师培训的体制机制不健全

民办高职院校教师质量和素质要得到保障和实现可持续发展，完善的师资培训体制机制是关键，也是持续提高教师专业技术水平和教育教学能力的重要途径。完善的教师培训体制机制由制度、培训内容、培训师资、培训经费等构成，制度是基础，内容是核心，培训师资是载体，经费是保障。

目前，大多数民办高职院校的教师培训规章制度不健全，有的甚至欠缺，教师培训多为校本培训，培训形式较为单一、模式显得陈旧，而且培训的随意性较大，缺乏科学性和针对性，教师培训的次数基本取决于学校当年的经费状况，由于经费保障不到位，大多数学校培训次数较少。这样的教师培训状况导致民办高职院校教师队伍出现以下问题。

第一，民办高职教师自身成长通道不畅，教学能力和专业能力得不到提高，影响教师自身成长。

第二，民办高职教师参训的积极性不高。培训模式陈旧、培训手段单一，以及行政命令式的培训要求，导致培训过程中参训教师敷衍了事，教师参与培训的积极性受到伤害。

第三，培训过程流于形式，实效性差，培训监管缺位，导致培训质量低。

第四，民办高职教师流动性大。由于待遇和自身成长环境的不理想，当教师感觉到学校提供的条件无法满足其自身成长的需要时往往会转向其他单位去追寻更好的发展条件，这就使得民办高职教师的流动性增大，教师队伍的凝聚力减弱。

3. 教师评价体系不完善

大多数民办高职院校存在教师评价标准不清晰、评价流于形式的问题。一些院校靠行政权力和外在压力来实施教师评价，基本上采取较为单一的绩效控制的教师评价模式。

教师评价体系的不完善，导致了以下一系列问题的出现。

第一，影响民办高职院校自身的科学决策。评价体系不完善导致了评价结果的偏差，会影响民办高职院校教师发展的决策。

第二，造成民办高职院校对教师管理的低效。准确的评价结果是管理高效的保障，评价体系的不完善导致了民办高职院校评价结果的偏差，影响管理的实效性。

第三，影响民办高职教师提升自身专业素养的积极性。不恰当的教师评价机制会导致教师对评价产生抵触心理，使教师成长与发展偏离理想的目标要求。

4. 教师职业的社会认同度较低

教师职业的社会认同对教师爱岗敬业有着特别重要的意义。当前，由于历史的原因以及社会对职业教育的认识误区，从事职业教育不具有较高的社会认同和预期。这导致诸多高学历人才对于其在民办高职院校就业不是特别满意，往往将民办高职院校作为教师生涯或者职业生涯的"中转阵地"，是积累工作经验的第一站。这导致出现以下问题。

第一，教师流动性增大，教师频繁更换，学生不断适应新教师，影响学生学习的质量以及教师之间的长期交流、互动和学习。同时，民办高职院校教师的社会认同度低、职业荣誉感低导致了教师归属感不强。

第二，教学质量难以保证，进而影响民办高职院校的生源。教师的频繁流动对学生的学习质量影响很大，是制约学校教学质量提高的关键因素。作为民办高职院校，教学质量如果不能得到保证，学校的生源就会减少，这就成为其生存发展面临的重大问题。

于是，民办高职院校往往会陷入"民办高职院校教师社会认同度低－民办高职院校教师流动性大－民办高职院校教学质量下降－学校生源受影响－民办高职院校社会认同度低"这样的发展怪圈，最终会导致民办高职院校发展受阻乃至倒闭。

（六）追求升格与转型的困境

民办高职院校是定位于培养应用型技能人才的职业技术院校，不一定非要升格为本科，而且发展高等职业教育还需要民办高职院校开展更深更广的探索，它们还有很多机遇和市场。但是，民办高职院校若能获准升格为普通本科院校，一般能在校名上规避"职业"两字，在招生链上能够前进一个序列，如此，招生与生源甚至学费较以前或许能有较大的改观，为学校的发展带来更大更广的空间和机遇。

在现实利益的诱导下，民办高职院校升格为本科院校的愿望是相当强烈的。但目前，民办高职院校大部分难以满足升格为本科院校的条件。另外，民办高职院校升格为本科院校以后，容易丢掉原有的办学传统和特色。因此，在满足条件的前提下，民办高职院校应升格为什么样的院校，是摆在高等职业教育决策者、研究者面前亟待解决的问题。目前来看，向应用技术型大学发展，也许是既能兼顾职业教育特色，又能追求升格转型的一条道路，但是要实现这样的目标，民办高职院校还有很长的路要走，而且也不一定非要走这样的路才有发展前途，坚持自身办学特色是关键。

三 进一步推进民办高等职业教育发展的政策建议

政策也是一种资源，政策所发挥的最大效应不在于创造多少经济效益，而在于带来了多大的社会效益。民办高职院校的发展事关我国高等教育事业发展的整体大局，我们应把握好政策，充分发挥政府的推动、协调和监督作用，促进民办高职院校的良性发展。民办高职院校的未来发展，应注重以下几个方面。

（一）重视培育学生的工匠精神

国家现代化发展需要职业教育现代化的大力支撑，而推进职业教育现代化，就要加快培育大批具有专业技能与工匠精神的高素质劳动者和人才。我们应坚持专业技能、工匠精神两手抓，把提高职业技能和培养职业精神高度融合，重视培育工匠精神。

职业教育同样需要坚持"立德树人""育人为本"，关注学生的全面发展。在培养学生的过程中，职业院校尤其要重视立德树人，弘扬工匠精神。例如，可邀请"大国工匠"等相关领域专家走进学校，直接参与学校专业建设和教学实施，让学生在与这些技能人才的接触中，亲身感受、学习他们精益求精、脚踏实地、吃苦耐劳的精神。同时，还要加强辅导员队伍的建设。当前，民办高职院校的辅导员队伍流动性较大，缺乏稳定性。总体来看，民办高职院校辅导员以年轻人为主，辅导员岗位事杂、压力大，所以绝大多数辅导员不能长久坚持这一岗位，选择考研、转岗或者其他行业。这样一种现象对于民办高职院校辅导员工作的可持续发展非常不利，对于民办高职院校的学生成长也非常不利。因此，要大力提高民办高职院校辅导员的职业认同感，从学科建设和专家培养、情感培育的高度来认识和规划辅导员工作职业化发展。

要拓宽民办高职院校人才引进渠道，从师资力量方面为工匠精神的落地提供坚实后盾。首先，引进人才不能单纯看重学历与职称，应着重引进有丰富实践经验的教学人员。其次，应该重视从企业中选聘一些有实践经验的专业技术人员担任兼职管理、教学工作，引进兼职教师。兼职教师可以在教育教学活动开展过程中进行指导，以保证教学目标与社会实践相符合；兼职老师也可以作为专业建设、课程建设的顾问。最后，还应考虑通过加强国际间的交流和合作，吸引和利用国外的优秀人才，改进教育教学工作。

（二）抓住"一带一路"机遇，建立开放互通的职业教育合作框架

2016年8月，教育部印发了《推进共建"一带一路"教育行动》，内

容包括开展教育互联互通合作，实施"丝绸之路"人才联合培养推进计划等。"一带一路"倡议是长期性、高层次、全方位的伟大倡议，为我国高等教育的发展带来了巨大机遇。在"一带一路"倡议下，我国民办高职教育必须抓住有利机遇，探索课程互认、学分互认、学历互认、资格互认，建立开放互通的职业教育合作框架，构建职教发展共同体，助推各国产能要素和人力资本的跨区域配置与流动。

"一带一路"倡议下，我国一些有条件的民办高职院校能够博采各国高职教育的优点，深化与这些国家的多层次交流与合作，积极与国外知名学院联合办学。通过中外联合举办国际化教育项目，实现院校之间教育资源的合作共享，学习先进教育理念、创新教学模式并互派教师开展教学交流。

同时，深化民办高职院校与涉外企业的校企合作。目前，教育部联合行业主管部门、行业建成了 62 个行业职业教育教学指导委员会，推动组建了 1300 个职教集团，开展了 165 个现代学徒制试点，积极推行订单培养、厂中校、校中厂，产教融合发展、校企共同育人的局面基本形成。在这一有利环境下，我国民办高职院校通过与知名的涉外企业进行校企合作，以国际化的行业职业标准制定人才培养目标，培养符合国际化需求的高端技术人才。

（三）加强协同办学，创新发展机制

加强校企协同、政校协同、校校协同，提高民办高职院校服务地方经济和社会发展的水平。相对于公办高职院校而言，民办高职院校仍然处于一定的竞争劣势地位。在本身不具竞争优势的情况下，要提高自身实力并在短期内实现跨越式发展，民办高职院校必须加强协同办学，创新发展机制。

因此，要进一步发挥民办高职院校办学体制和机制相对灵活的特点，在各个领域大胆探索一些新机制。一方面，要紧跟地方经济社会发展对人才和技术服务的需求与潮流，这是民办高职院校高度市场灵敏性的体现。另一方面，要主动出击，与企业开展紧密互动，组建民办高职院校与企业的"战略联盟"，在保障师生权益的前提下，就企业继续教育、人员交流、技术服

务咨询与开发、人才供给等方面开展紧密合作。要发挥民办高职院校相对灵活的体制机制优势，扩展其在企业继续教育上的作用，以扩充其生源构成。还要充分发挥地方政府在统筹安排、信息政策与资源领域的重要作用，推进"政校协同"办学，发挥区域内民办高职院校的互补性优势，构建区域性的"校际资源整合联盟"，在联合招生、资源共享、课程共建、师生交流、联合攻关争取资源等领域开展紧密合作、抱团取暖、共同发声，以深入推进"校校协同"办学。

（四）调整生源结构，多渠道拓展生源

面对国家不断完善现代职业教育体系、强化培养职业教育人才的新形势，民办高职院校一方面通过衔接学制、衔接课程、招生考试等，健全"高中→高职""中职→高职""专科→本科→硕士"一体化教育模式，为高职学生升学搭建发展平台，保障学生有继续接受教育的机会，帮助民办高职院校走出招生的困境。满足各类在职人员在学业上的需求。另一方面，要充分挖掘农村生源潜力，服务农村经济。长期以来，由于城乡发展差异等原因，农村高中升学率与城市相比较低。从另一个角度来看，农村为民办高职院校提供了丰富的生源，同时农村经济发展也需要大量本土化的职业技能型人才。这就要求民办高职院校要深入我国中西部农村，立足农村经济发展，开设相关涉农专业，满足中西部农村剩余劳动力发展的现实需求，实现跨省招生，为国家西部建设培养优质人才。

（五）树立品牌竞争意识

民办高等职业院校的发展必将进入优胜劣汰的"品牌竞争时代"。在民办教育领域，零敲碎打式的传播方式在民办学校宣传中占据主流。首先，目前很多学校的传播仅限于招生信息的传播，并不是真正的品牌传播。其次，这类碎片化的传播并没有形成品牌传播的有机系统，不具备整体标识和可持续性。现实中，我们可能知道某个学校不错，可是具体好在哪儿却说不出来，这就是因为我们不了解学校的定位、理念、特点和亮点。

树立品牌，重点是要选择恰当的发展战略，是考虑眼下以生存为第一原则还是以发展为第一原则？在实际办学中，这两者往往很难权衡，在发展资源有限的情况下，应该选择有重点的发展。目前，民办高职院校大多数仍旧处在以扩大规模来求生存的发展阶段，尽管这是一种符合现实需要的举措，但专业办学特色和核心竞争力才是决定民办高职院校生存和发展的关键，必须瞄准这一方向进行调整。因此，民办高职院校应不断适应形势调整和设置一批民生领域紧缺型、特色型、技术应用型专业，在人才培养模式上大胆探索新思路、新做法，并努力在学校经营管理特色上做文章，提高学校的整体运营效益。

（六）推动建立职业教育认证的国家资格框架

2015 年 10 月，教育部印发《高等职业教育创新发展行动计划（2015 ～ 2018）》，明确提出健全职业教育连接培养制度和探索以学分转换和学力补充为核心的职普互通机制。构建国家资格框架，将学历证书与职业资格证书放在同一层级，从而形成比对、等值，使职业教育的"符号资本"与其他资本可以比较和转化，提高职业教育吸引力，使技能人才能得到与普通教育毕业生同等甚至更高的社会地位。上海在这方面取得了较好的经验。它除了推行"双证融通"，使越来越多的职校学生在毕业时能够获得学历证书和职业资格证书外，还引进国际先进职业教学标准，推动国际通用职业资格证书落地。例如汽车行业国际公认的 I - MI2 级考证点落户上海市交通学校，澳大利亚 TAFE 证书落户上海市医药学校，学生可获得国际权威证书。我们应着手建立层次完善、高职与普通教育相互贯通、充满弹性的职教体系，将专科层次的职业教育纳入高等教育的范畴，体现相关法律法规之间的配套和衔接。

目前，我国尚未建立起立足自身文化传统的职业教育认证的资格框架。中华文化中学历本位观念根深蒂固，这种文化传统形成的社会"惯习"，裹挟着人们以学历标尺来判断和评价职业教育的"符号资本"和社会价值，因此有必要进行职业教育认证资格框架方面的创新与突破。民办高职院校在这一发展过程中应积极探索，发挥灵活、贴近市场的优势，促进国家资格框架的形成。

（七）瞄准国家战略需要和产业发展需求积极抓住发展机遇

2019 年 3 月 5 日，国务院总理李克强同志在《政府工作报告》中明确提出，"今年高职院校大规模扩招 100 万人"，随后，国家发展改革委、财政部、人力资源和社会保障部、农业农村部、退役军人事务部等部门共同研制了专项工作实施方案，并于 2019 年 4 月 30 日经国务院常务会议讨论通过。该计划由中央统筹，教育部牵头，多部门协同推进。具体按照分省确定招生计划，重点布局在优质高职院校、发展急需和民生领域紧缺专业、贫困地区。改革考试招生办法，取消高职招收中职毕业生比例限制，允许符合高考报名条件的往届中职毕业生参加高职院校单独招生考试。向中西部倾斜，发挥"支援中西部地区招生协作计划"作用，将 2019 年高职协作计划扩大至 20 万人。落实同等待遇，推动职业院校毕业生在落户、就业、参加机关事业单位招聘、职称评审等方面与普通高校毕业生享受同等待遇。强化保障力度，中央财政加大对高职院校扩招的支持力度，2019 年中央财政安排现代职业教育质量提升计划专项资金 237 亿元，引导地方政府落实生均拨款制度、奖助学金提标扩面政策等五个方面[①]。尤其是鼓励更多应届高中毕业生和退役军人、下岗职工、农民工等报考，重点布局贫困地区，这些将给民办高职院校的发展带来极大的机遇。民办高职院校要增强服务发展能力，应继续深化与行业的协作机制，顺应"互联网＋""中国制造 2025"等发展趋势，将专业建设作为抓手，大力发展区域经济社会认可度高、需求旺盛、民生领域紧缺的专业，大力推进人才培养的供给侧结构性改革，提高培养人才技术服务的附加值，提升高职教育的服务能力，支撑国家战略发展。

尤其要关注贫困地区产业发展，服务脱贫攻坚、精准脱贫的需要，根

---

① 高靓：《定了！高职扩招百万有了实施方案》，《中国教育报》2019 年 5 月 9 日。

据区域行业特点及需求，重点培养贫困地区支柱产业所需的技术技能人才。积极推动与地方政府、行业企业对接，建立常态化联动机制，探索建立符合教育规律和相关产业发展需求的市场化运营新机制，增强民办高等职业教育服务经济、社会发展进步的能力，使其成为广大青年成功成才的重要途径。

发 展 篇

Development　Reports

中国各级各类民办教育的新进展

李　楠*

摘　要：　当前，我国民办教育的改革与发展，以法律法规和政策创新为突破口，创造了有利于民办教育健康发展的制度环境。在制度环境改善的促动下，民办教育取得了较为快速的发展，民办教育事业不断繁荣。全国各级各类民办教育的发展规模进一步壮大，办学条件逐渐改善。特别是新《民办教育促进法》的颁布与实施，为民办教育的健康发展创造了良好的法律环境，推动民办教育事业取得新的进展。

关键词：　民办教育　办学规模　政策与制度创新

---

*　李楠，中国教育科学研究院教育发展与改革研究所助理研究员。

一 中国民办教育规模的发展状况

2014 年，我国民办教育的总体规模继续壮大，办学条件和办学质量也在逐渐完善。

（一）我国民办教育发展的概况

1.各级各类民办教育的总体规模继续增长

2011 年以来，伴随市场机制在教育领域的应用更为广泛和灵活，各级各类民办学校快速发展，办学规模继续扩大，学校数、招生数、在校生数均呈不同程度的增长（见图 1、图 2）。2014 年，全国共有 15.52 万所各级各类民办学校（含教育机构），年增长率为 4.16%；招生数达 1563.84 万人，比上年增长 4.64%；在校生数为 4301.91 万人，比上年增长 5.48%。其他民办培训机构的数量达到 2 万所，规模基本保持稳定，参加培训人次为867.94 万人次，比上年减少 75.62 万人次。

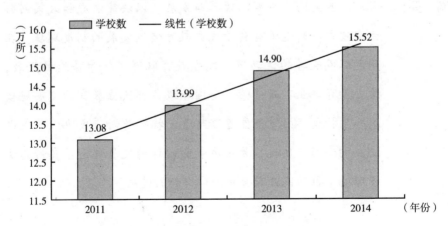

图 1 2011～2014 年各级各类民办学校总数

注：以上数据包含民办幼儿园、中小学、中等职业学校、高等教育，不含民办培训机构。

资料来源：教育部：《2014 年全国教育事业发展统计公报》，（2015－07－30）［2016－07－20］，http://www.moe.edu.cn/srcsite/A03/s180/moe_633/201508/t20150811_199589.html。

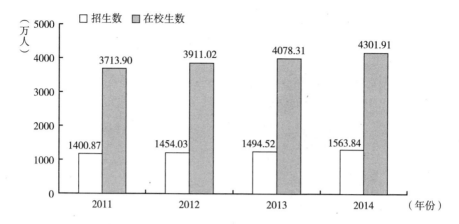

图2 2011~2014年各级各类民办学校的招生数和在校生数

注：以上数据包含民办幼儿园、中小学、中等职业学校、高等教育，不含民办培训机构。

资料来源：教育部：《2014年全国教育事业发展统计公报》，（2015－07－30）［2016－07－20］，http：//www. moe. edu. cn/srcsite/A03/s180/moe_ 633/201508/t20150811_ 199589. html。

2. 学前教育仍占据民办教育的重要份额

2014年，民办学前教育的办学规模继续呈快速增长趋势，在园儿童达到2125.40万人，占民办教育总规模的比例达到49.41%，比上年增长0.61个百分点。在各级各类民办教育中，民办学前教育的在园儿童所占比例仍位于首位；其次是民办义务教育，所占份额为26.99%；民办高等教育所占份额为13.65%；民办普通高中所占份额为5.55%；而民办中等职业教育所占份额最低，仅为4.41%，且比上年减少0.69个百分点（见图3）。

3. 除民办中等职业教育外的各级民办教育规模均呈增长趋势

2014年，民办中等职业教育在校生规模继续延续上年的减少趋势，在校生数为189.60万人，比上年下降8.82%，民办中职在校生所占比例为13.40%，比上年下降0.13个百分点。相比之下，其他各级各类民办教育在校生规模均比上年呈不同程度的增长。其中，民办普通高中在校生规模还扭转了2013年萎缩的趋势，在校生为238.70万人，比上年增加3.05%，普通高中在校生总数中民办在校生的比例为9.90%，比上年增长0.39个百分点（见图4、图5）。

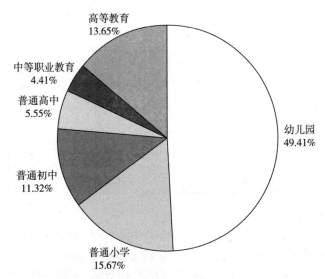

图3　2014 年各级各类民办教育在校生占民办教育总规模的比例

资料来源：教育部发展规划司：《2014 年全国教育事业简明统计分析》，内部资料，北京，2015。

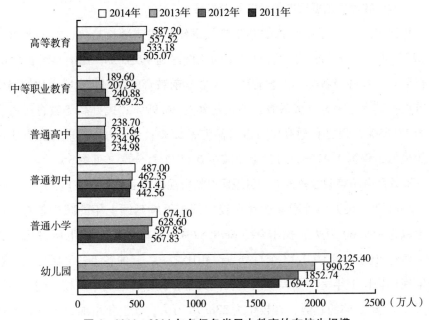

图4　2011～2014 年各级各类民办教育的在校生规模

资料来源：教育部发展规划司：《2013 年全国教育事业简明统计分析》《2014 年全国教育事业简明统计分析》，内部资料，北京，2014、2015。

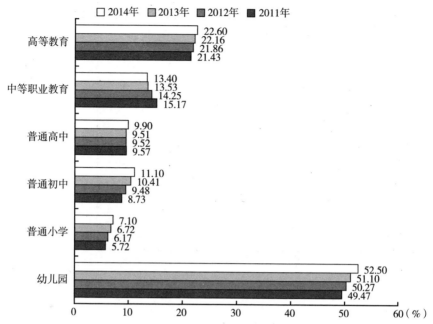

图5 2011~2014年各级民办教育在校生占同级教育在校生总数比例

资料来源：教育部发展规划司：《2013年全国教育事业简明统计分析》《2014年全国教育事业简明统计分析》，内部资料，北京，2014、2015。

（二）我国民办学前教育的发展状况

自2011年我国实施"学前教育三年行动计划"以来，国家层面采取多种举措大力支持各种社会力量举办普惠性学前教育，促使民办学前教育的办学规模空前发展。从2014年开始，国家实施第二期学前三年行动计划，民办学前教育继续保持快速发展。

1. 民办学前教育的规模迅速扩张

2014年，我国民办学前教育的规模继续增长，民办幼儿园的总数达到13.93万所，比上年增长4.34个百分点；入园儿童为953.66万人，比上年增长5.03个百分点；在园幼儿达到2125.38万人，比上年增长6.79个百分点（见图6、图7）。①

---

① 教育部：《2014年全国教育事业发展统计公报》，（2015－07－30）［2016－07－20］，http：//www.moe.cn/srcsite/A03/s180/moe_633/201508/t20150811_199589.html。

此外，民办学前教育在园幼儿占所有在园幼儿总数的比例达到52.50%，比上年提高1.40个百分点（见图7）。

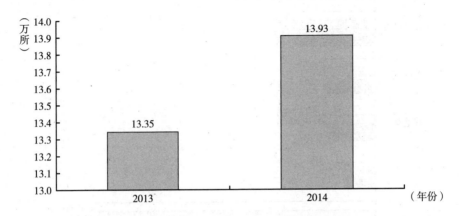

图6　2013～2014年民办幼儿园数

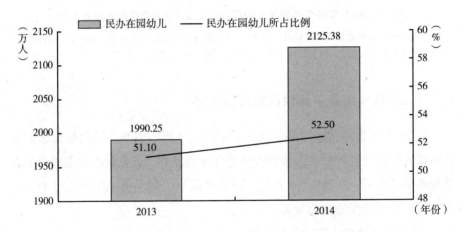

图7　2013～2014年民办在园幼儿数及占全国在园幼儿总数的比例

资料来源：教育部发展规划司：《2013年、2014年全国教育事业简明统计分析》，内部资料，2014、2015。

2. 民办在园幼儿规模农村大于城市，民办在园幼儿所占比例城市大于农村

2014年，我国民办学前教育办学规模的城乡分布状况与上年基本趋同，即民办在园幼儿规模农村大于城市，而民办在园幼儿所占比例农村

不及城市。2014 年，农村民办学前教育在园幼儿达到 1247.50 万人，年增长率为 5.71%；城市民办学前教育在园幼儿为 877.90 万人，年增长率高于农村，为 8.36%。就民办在园幼儿所占比例而言，农村和城市的这一比例均有所提高，其中农村的这一比例为 47.20%，比上年增长 1.40 个百分点；城市的这一比例为 62.40%，比上年增长 0.90 个百分点（见图8）。

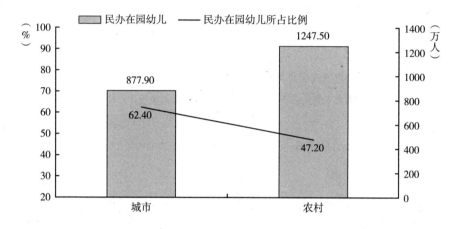

图8 2014 年民办学前教育在园幼儿及所占比例城乡分布情况

资料来源：教育部发展规划司：《2014 全国教育事业简明统计分析》，内部资料，北京，2015。

从我国民办学前教育的区域分布来看，在城市民办学前教育中，尤以东部的规模最大，而在农村民办学前教育中，规模大的区域则主要集中在中部地区。东部城市民办在园幼儿规模最大，达到 429.10 万人，远远超过中部和西部地区；而农村民办在园幼儿的规模则主要聚集在中部地区，达到 522.60 万人（见图9）。

3. 民办在园幼儿西部增长最快，中部民办学前教育在园幼儿所占比例较高

2014 年，西部地区民办学前教育规模迅速扩大，年增长率为 10.11%，增长速度高于东部和中部地区。就民办在园幼儿所占比例而言，中部地区所占比例为 61.00%，明显高于东部和西部地区（见图10）。

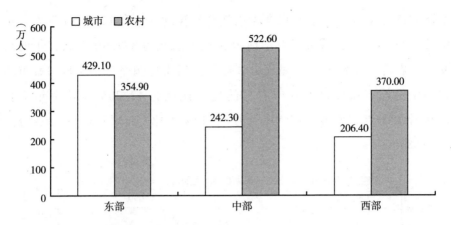

图9　2014 年分区域民办学前教育在园幼儿城乡分布情况

资料来源：教育部发展规划司：《2014 年全国教育事业简明统计分析》，内部资料，北京，2015。

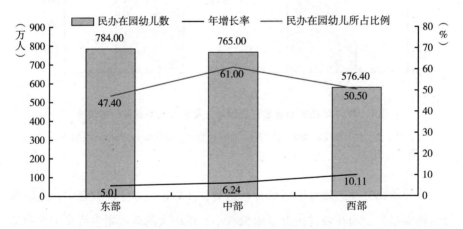

图10　2014 年分区域民办学前教育在园幼儿规模、增长率及民办在园幼儿所占比例

资料来源：教育部发展规划司：《2014 全国教育事业简明统计分析》，内部资料，北京，2015。

（三）我国民办中小学教育的发展状况

2014 年，民办中小学的办学规模仍趋于稳定，学校数与在校生数均略有增加。其中，民办普通高中的规模增加相对较慢，民办初中在校生所占比例增长较快。就民办中小学的区域分布情况而言，民办义务教育在校生规模西部地区明显不足，民办义务教育在校生的增长率东部地区最高。

1. 民办义务教育规模略增，民办普通高中规模维持稳定

2014 年，民办义务教育的学校数和在校生数均呈增长趋势，民办小学、民办初中学校数量分别比上年增长 5.07 个百分点、4.61 个百分点；民办小学、民办初中在校生规模分别比上年增长 7.24 个百分点、5.33 个百分点。民办普通高中规模较为稳定，学校数达到 2442 所，比上年增加 67 所，在校生规模为 238.70 万人，比上年减少 7.06 万人（见图 11、图 12）。

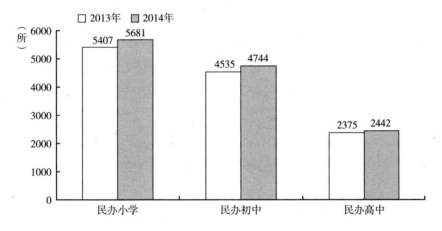

图 11 2013～2014 年民办中小学学校数规模变化

资料来源：教育部发展规划司：《2013 年、2014 年全国教育事业简明统计分析》，内部资料，北京，2014、2015。

2. 民办初中在校生规模迅速增长

在全国民办中小学中，民办初中在校生的比例最高且增长最快，比例达到 11.10%，比上年增长 0.69 个百分点，增长的百分点也高于民办小学和民办普通高中；相比之下，民办小学和民办普通高中在校生所占比例的增长略慢，分别比上年增长 0.38 个百分点、0.39 个百分点（见图 13）。

3. 民办义务教育在校生规模东部增长最快

分区域看，我国西部地区民办义务教育在校生规模明显不及东部和中部地区。就民办义务教育在校生增长率来看，东部地区民办小学、民办初中在

中国民办教育发展报告 NO.2

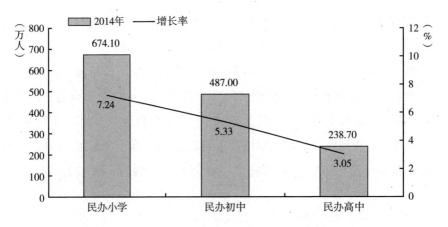

图12 2013～2014年民办中小学在校生规模变化

资料来源：教育部发展规划司：《2013年、2014年全国教育事业简明统计分析》，内部资料，北京，2014、2015。

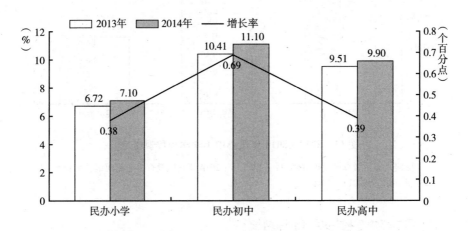

图13 2013～2014年民办中小学在校生所占比例及增长率

资料来源：教育部发展规划司：《2013年、2014年全国教育事业简明统计分析》，内部资料，北京，2014、2015。

校生规模的增长率最高，分别为9.32%、6.26%；中部地区民办小学、民办初中分别同比增长3.64%、4.82%；西部地区民办小学、民办初中分别同比增长2.91%、4.19%（见图14），而2013年中部地区民办初中在校生增速仅为0.90%，西部地区民办小学在校生比上年减少2.75%。

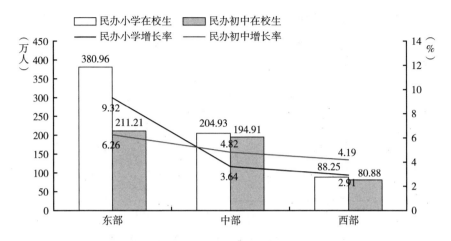

图14　2014年分区域民办义务教育在校生规模及增长率

资料来源：教育部发展规划司：《2014年全国教育事业简明统计分析》，内部资料，北京，2015。

（四）我国民办中等职业教育的发展状况

近几年，尽管我国民办中等职业教育的总体规模一直趋于下降，但民办中职的办学条件趋于完善，学校的硬件设施与教师队伍建设情况均不断改善。分区域来看，2014年中部地区民办中职在校生所占比例下降得最多。

1. 民办中职的办学规模继续萎缩

2014年，民办中等职业教育的学校数、在校生数均比上年呈不同程度的减少，其中学校数为2343所，比上年减少5.60%；在校生数为189.60万人，比上年减少18.30万人，降幅高达8.80%（见图15）。

2. 民办中职在校生所占比例继续下降，尤以中部地区下降最多

2014年，民办中职在校生占所有中职在校生总数的比例继续下降，比上一年减少0.14个百分点，仅为13.39%。分区域看，东部地区的这一比例最低，仅为9.98%，比上年减少0.03个百分点；中部、西部地区的比例均高于全国水平，分别为14.25%、16.64%，比上年分别减少0.54个、0.12个百分点。其中，中部地区的这一比例下降得最多（见图16）。

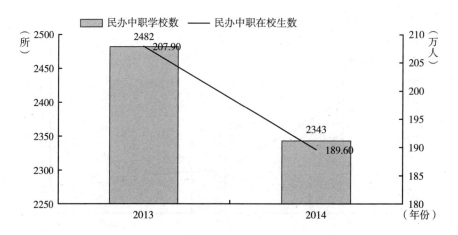

图15 2013～2014年民办中等职业教育规模变化

资料来源：教育部发展规划司：《2013年、2014年全国教育事业简明统计分析》，内部资料，北京，2014、2015。

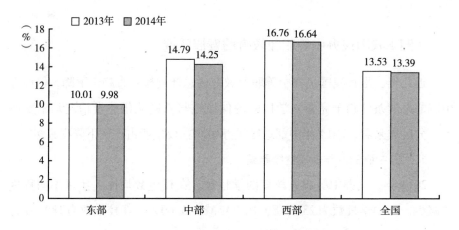

图16 2013～2014年分区域民办中等职业教育在校生所占比例

资料来源：教育部发展规划司：《2013年、2014年全国教育事业简明统计分析》，内部资料，北京，2014、2015。

3. 民办中职学校的办学条件逐渐改善

尽管民办中职教育的办学规模呈逐年减小趋势，但民办中职学校的办学条件有所改善。在硬件基础设施方面，2011～2014年，全国民办中职学校生均仪器设备费用逐年增长，2014年已达到5694元，比上年增加2034元，增长率高达 55.57%（见图 17）；在教师队伍建设方面，民办中职学校的教师数量与质量均有所提高，2011～2014 年，民办中职学校生师比趋于下降，2014 年民办中职学校生师比为 25.50，而直接反映教师质量的双师型教师占专任教师比例逐年提高，2014 年已高达 21.30%（见图 18）。

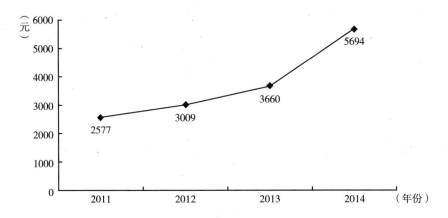

图 17　2011～2014 年全国民办中职学校生均仪器设备费用

资料来源：教育部发展规划司：《2011～2014 年全国教育事业简明统计分析》，内部资料，北京，2012～2015。

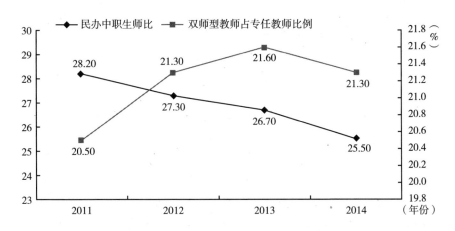

图 18　2011～2014 年全国民办中职学校生师比及双师型教师所占比例

资料来源：教育部发展规划司：《2011～2014 年全国教育事业简明统计分析》，内部资料，北京，2012～2015。

（五）我国民办高等教育的发展状况

2014年，民办高等教育的招生规模及在校生规模均继续呈增长态势，全国民办高校总数达到728所，比上年增加10所，其中含独立学院283所，独立学院比上年减少9所。就不同学历层次而言，民办本科的招生及在校生规模仍大于民办专科，民办普通高校的教师配备水平也逐渐提高。

1. 民办高等教育招生与在校生规模均呈增长趋势

2014年，全国民办高等教育的招生数为172.90万人，比上年增加12.73万人，增长7.95%；民办高等教育的在校生为587.20万人，比上年增长5.33%（见图19）。

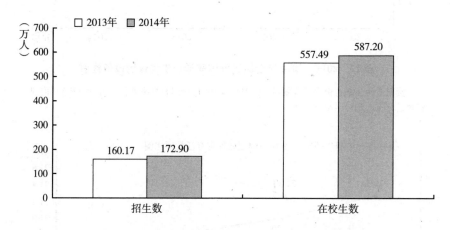

图19 2013~2014年民办高等教育招生及在校生规模变化

资料来源：教育部发展规划司：《2013年、2014年全国教育事业简明统计分析》，内部资料，北京，2014、2015。

2. 民办普通本专科的招生数所占比例、在校生所占比例均有所增长

与上年民办普通本专科招生数所占比例略有下降不同，2014年这一比例开始出现小幅提高，比上年提高0.93个百分点，比例达到23.20%。同时，民办普通本专科在校生数占普通本专科在校生总数的比例继续呈增长趋势，比例为22.60%，比上年增长0.44个百分点（见图20）。

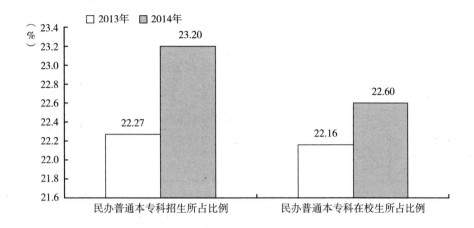

图20 2013～2014年民办高等教育招生及在校生所占比例

资料来源：教育部发展规划司：《2013年、2014年全国教育事业简明统计分析》，内部资料，北京，2014、2015。

3. 民办高等教育在校生及招生规模尤以西部地区增长最快，中东部地区在校生及招生规模大于西部地区

分区域来看，2014年，民办高等教育无论是在校生规模还是招生规模，西部地区的增长速度均处于较高水平。西部民办高等教育在校生年增长率为6.92%，超过中部和东部地区的4.35%、5.14%；西部地区民办高等教育的招生规模也快速增长，同比增长11.31%，中部、东部地区民办高等教育招生规模增长率分别为6.18%、7.48%（见图21）。

4. 民办高等教育本科招生规模略有增长，民办专科在校生增长明显快于民办本科

就民办高等教育的学历层次而言，2014年民办本科的总体规模仍大于民办专科，但民办专科招生及在校生规模的增速均快于民办本科。民办本科招生92.80万人，比上年增长0.70%，在校生374.80万人，比上年增长3.60%；民办专科招生80.20万人，比上年增长17.80%，在校生212.40万人，比上年增长8.42%（见图22）。

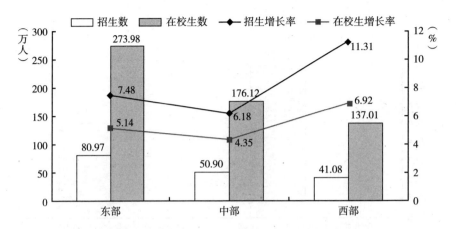

图21 2014 年分区域民办高等教育招生及在校生规模及增长率

资料来源：教育部发展规划司：《2014 年全国教育事业简明统计分析》，内部资料，北京，2015。

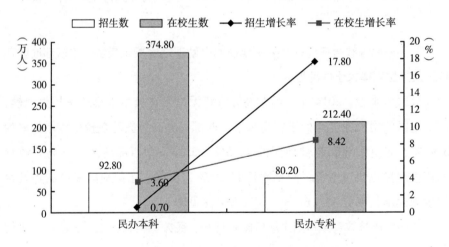

图22 2014 年民办本科、专科招生及在校生规模及增长率

资料来源：教育部发展规划司：《2014 年全国教育事业简明统计分析》，内部资料，北京，2015。

5. 民办普通高校教师的学历水平稳步提升，民办专科学校"双师型"教师的比例持续增长

2014 年，民办普通高校的高学历专任教师所占比例继续提高，具有研究生学位的专任教师比例比上年增长了 2 个百分点，达到 58.80%。其中，民办

本科学校具有研究生学位专任教师的比例为 65.95%，明显高于专科学校的 35.98%；具有博士学位的专任教师所占比例为 7.77%，比上年提高 0.17 个百分点。民办普通高校"双师型"教师所占比例继续增长，其中民办专科在"双师型"教师队伍建设方面仍比民办本科具有一定的优势，民办专科"双师型"教师比例为 27.40%，明显高于民办本科的 9.79%（见图 23）。

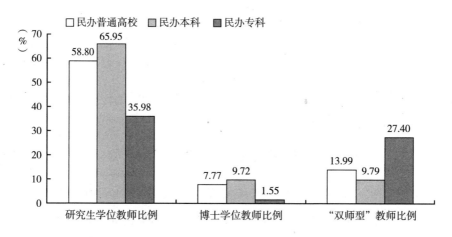

图 23　2014 年民办普通高校专任教师配备水平

资料来源：教育部发展规划司：《2014 年全国教育事业简明统计分析》，内部资料，北京，2015。

二　中国民办教育政策的新进展

（一）新《民办教育促进法》正式颁布，为促进民办教育健康发展提供法律保障

2015 年 8 月，《中华人民共和国民办教育促进法》与《中华人民共和国教育法》《中华人民共和国高等教育法》一起被纳入集中修订的范畴，初步形成了《教育法律一揽子修正案（草案）》。与其他两个法案相比，备受期待、酝酿多年的《民办教育促进法》的修订并不顺利，其修订过程也深受社会各界和相关领域研究专家的广泛关注。2015 年 12 月 26 日上午，十二

届全国人大常委会会议对教育法律一揽子修订案进行审定，但此次审议因存在较大争议，并未通过《民办教育促进法（修改草案）》。直至 2016 年 11 月 7 日，经三次审议后，国家才正式颁布了《关于修改〈中华人民共和国民办教育促进法〉的决定》，并于 2017 年 9 月 1 日开始实施。

此次《民办教育促进法》的修订，共涉及十六项修改内容，包含七大方面的亮点，主要体现为重视民办学校党的建设、明确分类管理的法律依据、保障举办者权益、健全师生权益保障机制、完善国家扶持政策、健全民办学校治理机制以及如何实现平稳过渡等。[1] 新法充分体现了党和政府对民办教育事业的关心和支持，也成为民办教育改革与发展进程中的重要节点，对于今后民办教育的快速发展具有里程碑意义。

（二）民办教育管理的配套制度逐渐完善

2016 年 4 月 18 日，中央全面深化改革领导小组会议审议通过了《关于加强民办学校党的建设工作的意见（试行）》《民办学校分类登记实施细则》《营利性民办学校监督管理实施细则》三个文件，这对未来一段时间内民办教育的健康有序发展起到重要作用，不仅强调应坚持和加强党对民办学校的领导，还提出了对民办营利性和非营利性学校分类的细则与实施办法。[2]

（三）重点扶持民办普惠幼儿园

2015 年 7 月 1 日，财政部、教育部联合发布《关于印发〈中央财政支持学前教育发展资金管理办法〉的通知》，该文件明确提出，学前教育发展资金不仅可用于支持民办普惠性幼儿园的发展，如采用政府购买服务或奖励等方式，同时还可用于资助普惠性幼儿园的困难儿童。

---

[1] 教育部网站：《教育部有关负责人就〈民办教育促进法〉修改情况答记者问》，（2016 - 11 - 07）［2016 - 12 - 25］，http：//www. moe. edu. cn/jyb_ xwfb/s271/201611/t20161107_ 287961. html。

[2] 《建立民办校分类登记分类管理制度》，（2016 - 04 - 19）［2016 - 12 - 26］，http：//www. moe. gov. cn/jyb_ xwfb/s6052/moe_ 838/201604/t20160419_ 238964. html。

2015 年 10 月 29 日，国家审议通过了《中共中央关于制定国民经济和社会发展第十三个五年规划的建议》，不仅提出了促进民办教育发展的总体要求，提倡通过借助社会力量和民间资本提供多样化的教育服务，同时还专门针对学前教育提出"发展学前教育，鼓励普惠性幼儿园发展"的具体要求。教育部在《关于政协十二届全国委员会第四次会议第 3823 号（教育类 346 号）提案答复的函》中指出，教育部将会同有关部门研究制定好实施第三期学前教育行动计划的政策措施，通过完善优惠政策与扶持机制、加强教师队伍建设等重点扶持普惠性民办园。此外，着力构建幼儿园保教质量评估与提升体系，强调将民办园也纳入学前教育质量评估指导体系的范畴。[①] 由此可见，民办普惠园已被国家纳入重点扶持的范围，并通过出台配套的扶持办法和举措促进民办普惠园的发展。

---

① 《关于政协十二届全国委员会第四次会议第 3823 号（教育类 346 号）提案答复的函》，（2016 - 10 - 26）［2016 - 12 - 25］，http：//www. moe. gov. cn/jyb_ xxgk/xxgk_ jyta/jyta_ jces/201611/t20161123_ 289823. html。

各省（直辖市、自治区）
各级各类民办教育的新进展

李　楠*

摘　要： 我国地方民办教育蓬勃发展且各具特色，在落实和推进新
《民办教育促进法》的过程中不断探索和创新支持各地民办
教育发展的新举措。各省各级各类民办教育办学规模逐步壮
大，但区域之间也存在不均衡的问题，各地民办教育发展的
侧重点也各不相同，通过多种途径规范民办教育的整体发展。

关键词： 民办教育　办学规模　政策创新

一　各省（直辖市、自治区）民办教育规模的发展状况

（一）各省民办学前教育的发展状况

1. 多数省份民办学前教育规模继续呈扩大趋势

（1）多数省份民办学前教育幼儿园数量持续增加。2012年，全国绝大
多数省份民办学前幼儿园数均比上年有所增长，北京、天津、浙江、山东、
西藏、新疆等地除外。其中，较2011年增长较为明显的前五个省份分别为
海南、河南、河北、广西、内蒙古，增幅分别为28.91%、25.09%、
24.63%、22.06%、20.88%（见图1）。

---

* 李楠，中国教育科学研究院教育发展与改革研究所助理研究员。

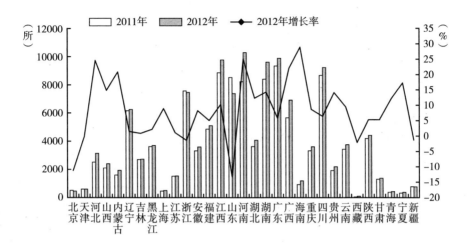

图1 2012年各省份民办学前教育幼儿园数增长情况

资料来源：教育部发展规划司：《2012年全国教育事业简明统计分析》，内部资料，北京，2012。

（2）多数省份民办学前教育在园幼儿数继续增长。2014年，除浙江民办学前在园幼儿数出现小幅减少外，全国绝大多数省份民办学前在园幼儿数均呈增长趋势。其中，贵州、广西的年增幅较大且超过15%，增幅分别为19.29%、16.46%（见图2）。

（3）多数省份民办学前教育在园幼儿所占比例继续提高。2014年，全国整体民办学前教育在园幼儿占学前教育在园幼儿总数的比例继续提高，比上年提高1.37个百分点。尽管北京、浙江、海南、甘肃、新疆等部分省份民办在园幼儿所占比例有所下降，但全国多数省份民办学前在园幼儿所占比例仍继续增长。其中，内蒙古的增幅最大，比上年增长11.85个百分点。超过半数的省份民办学前在园幼儿所占比例超过五成（见图3）。

2.多数省份城乡民办学前教育在园幼儿规模均有所增长

2014年，全国各省份城市民办学前教育在园幼儿规模继续增长；多数省份农村民办学前教育在园幼儿规模也呈增长趋势，北京、天津、辽宁、黑龙江、浙江、江西、山东、西藏等地除外（见图4）。与2013年相似，除北京、天津、辽宁、吉林、上海、江苏、广东、西藏、宁夏、新疆之外，2014年多

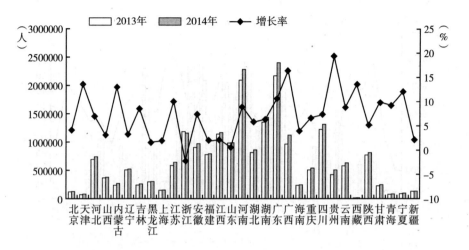

图2 2013~2014年各省民办学前教育在园幼儿数及增长率

资料来源：教育部发展规划司：《2013年、2014年全国教育事业简明统计分析》，内部资料，北京，2014、2015。

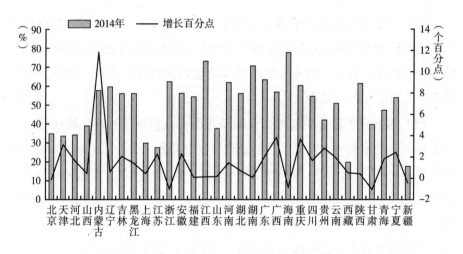

图3 2014年各省民办在园幼儿占在园幼儿数总数的比例及增长百分点

资料来源：教育部发展规划司：《2013年、2014年全国教育事业简明统计分析》，内部资料，北京，2014、2015。

数省份民办学前教育在园幼儿规模农村大于城市（见图4）；除上海和浙江外，其他多数省份城市民办学前教育在园幼儿所占比例高于农村（见图5）。

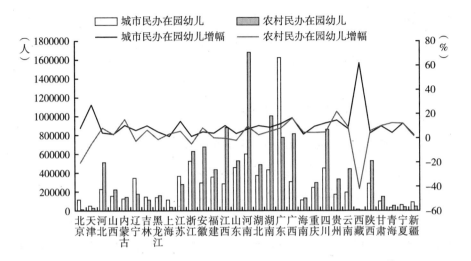

图4　2014年各省分城乡民办学前教育在园幼儿规模及增长率

资料来源：教育部发展规划司：《2013年、2014年全国教育事业简明统计分析》，内部资料，北京，2014、2015。

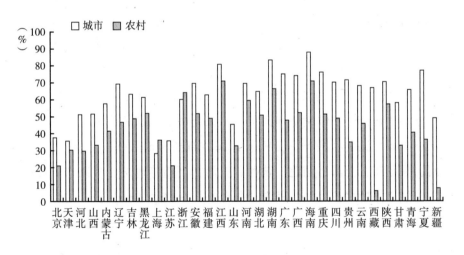

图5　2014年各省分城乡民办学前教育在园幼儿占在园幼儿总数的比例

资料来源：教育部发展规划司：《2014年全国教育事业简明统计分析》，内部资料，北京，2015。

3. 省际民办学前教育在园幼儿所占比例差异较大

在全国31个省份中，各省民办学前在园幼儿所占比例差异较大，海南、江西、湖南、广东、浙江这一比例位于前五位，分别为 77.71%、73.10%、70.61%、63.30%、62.24%，这一比例较低的省份有上海、江苏、西藏、新疆等地，不足 30%（见图 3）。

（二）各省民办中小学教育的发展状况

1. 多数省份民办义务教育规模平稳发展

（1）多数省份民办义务教育学校数继续减少。2012 年，多数省份民办小学的学校数呈不同程度地减少，北京、天津、河北、浙江、安徽、福建、河南、湖南、贵州、云南、陕西等地除外；海南、西藏、宁夏、新疆等地民办小学的学校数与上年保持不变。其中，黑龙江、甘肃两省的减幅超过 20%，减幅分别为 38.89%、25.00%。

约半数省份民办初中学校数较上年呈不同程度地减少，分别是河北、山西、内蒙古、吉林、黑龙江、江苏、安徽、福建、广西、四川、云南、西藏、陕西、甘肃、宁夏、新疆。其中，减幅较大的省份为西藏、福建和宁夏，分别达到 50.00%、20.24%、20.00%；天津、重庆、青海等地民办初中学校数与上年持平（见图 6）。

（2）多数省份民办义务教育在校生规模继续增长。2014 年，多数省份民办小学在校生数继续呈不同程度增长趋势，北京、内蒙古、辽宁、黑龙江、上海、湖北、贵州、云南、青海、新疆等地除外；除北京、天津、山西、黑龙江、上海、湖北、陕西、青海、新疆等地外，多数省份民办初中在校生也保持增长趋势。其中，民办小学在校生增长最快的为西藏，增长了 1.13 倍，民办初中在校生增长最快的为云南，增幅达到 19.51%（见图 7）。

（3）多数省份民办义务教育在校生所占比例继续上升。2014 年，多数省份民办小学在校生所占比例略有提升，北京、内蒙古、辽宁、黑龙江、上海、海南、青海、新疆等地除外。其中，增长较快的两省为江苏、浙江，分别增长 2.24 个、1.36 个百分点；多数省份民办初中在校生所占比例也呈小幅增长趋势，北京、天津、黑龙江、福建、青海、新疆除外，其中这一比例

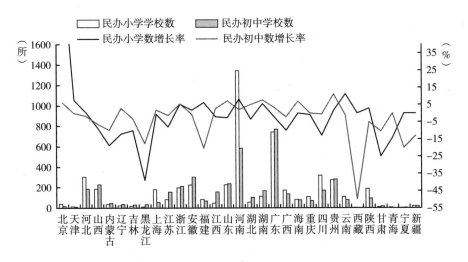

图6　2012 年各省民办义务教育学校数及增长率

资料来源：中国教育年鉴编辑部：《中国教育年鉴（2012～2013）》，人民教育出版社，2013～2014。

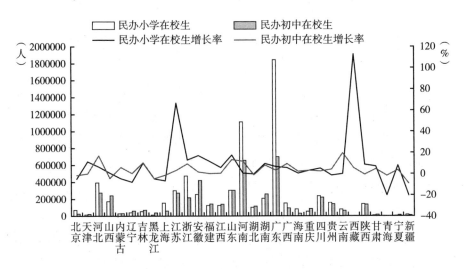

图7　2014 年各省民办义务教育在校生数及增长率

资料来源：教育部发展规划司：《2013 年、2014 年全国教育事业简明统计分析》，内部资料，北京，2014、2015。

增长较快的前三个省为广东、吉林、山东，分别增长 1.82 个、1.46 个、1.22 个百分点（见图8）。

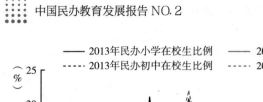
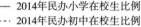
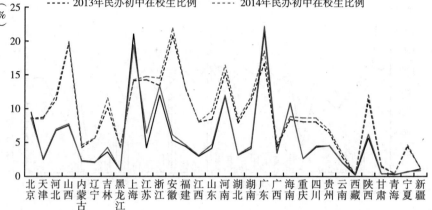

图8 2013~2014年各省民办义务教育在校生占同级教育在校生总数比例

资料来源：教育部发展规划司：《2013年、2014年全国教育事业简明统计分析》，内部资料，北京，2014、2015。

2. 多数省份民办普通高中学校数有所减少，在校生规模开始增长

2012年，浙江、安徽、江西、山东、河南、广东、广西、四川、青海、新疆等地民办普通高中学校数有所增长，辽宁、上海、海南、重庆、西藏、甘肃、宁夏等地民办普通高中学校数与上年保持一致，其他多数省份民办普通高中学校数比上年有所减少。其中，减幅较大的五个省依次为黑龙江、河北、福建、陕西、陕西，减幅分别为34.38%、13.27%、8.14%、6.00%、4.35%（见图9）。

2014年，除北京、天津、山西、辽宁、吉林、黑龙江、上海、江苏、浙江、安徽、福建、湖北、陕西、新疆之外，超半数省份的民办普通高中在校生数有所增长。其中，增幅最大的为云南，增幅达到24.53%。这里需要注意的是，多数省份民办普通高中在校生减少的趋势在2014年得到扭转（见图10）。

3. 省际民办中小学在校生所占比例差距较大

在全国31个省份中，不同省份之间民办中小学在校生占同级教育的比例存在一定差距，主要表现为比例较高的区域集中在经济较为发达的东部和

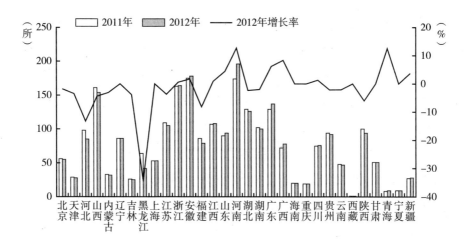

图9　2011～2012年各省民办普通高中学校数及增长率

资料来源：中国教育年鉴编辑部：《中国教育年鉴（2012～2013）》，人民教育出版社，2013～2014。

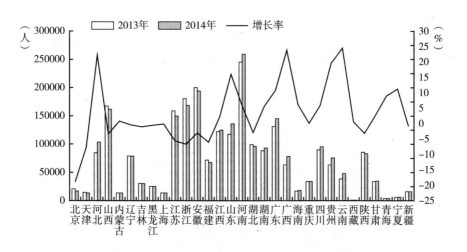

图10　2013～2014年各省民办普通高中在校生数及增长率

资料来源：教育部发展规划司：《2013年、2014年全国教育事业简明统计分析》，内部资料，北京，2014、2015。

中部地区，而西部欠发达地区民办教育所占份额偏小。

（1）晋粤豫浙沪等地民办义务教育在校生所占比例高于全国水平，藏青甘新等地相对较低。2014 年，全国民办小学在校生占同级教育在校生总数的比例为 7.13%，民办初中在校生所占比例为 11.11%。其中，民办小学在校生所占比例高于全国水平的省份有山西、广东、河南、浙江、上海、海南、北京，民办初中在校生所占比例高于全国水平的省份有安徽、山西、广东、河南、江苏、上海、浙江、福建、河北、陕西、湖南、吉林。可见，民办义务教育在校生所占比例省际差异较大，就民办小学在校生比例而言，最高的为广东省，比例为 22.18%，而青海的比例最低，仅为 0.23%；就民办初中在校生比例而言，安徽最高，比例为 21.89%，而西藏的比例最低，仅为 0.25%。

（2）浙晋皖等地民办普通高中在校生所占比例位居前列，藏蒙青宁新等地的比例偏低。2014 年，浙江、山西、安徽、江苏、江西、河南、辽宁、福建、湖北、海南等地的民办普通高中在校生所占比例较高，高于全国水平（9.94%）。其中浙江、山西、安徽位居前三位，比例分别为 21.30%、19.56%、16.16%，而西藏、内蒙古、青海、宁夏、新疆等地比例较低，均不足 4%（见图 11）。

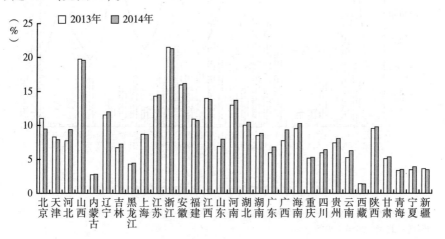

图 11　2013～2014 年各省民办普通高中在校生占在校生总数的比例

资料来源：教育部发展规划司：《2013 年、2014 年全国教育事业简明统计分析》，内部资料，北京，2014、2015。

（三）各省民办中等职业教育的发展状况

1. 多数省份民办中职规模有所减少

多数省份民办中职学校数、在校生及民办在校生所占比例均不同程度地减少。

（1）多数省份民办中职学校数继续萎缩。2012年，除云南、贵州、北京、新疆、青海、宁夏等地民办中职学校数有所增加外，多数省份呈不同程度地减少，另有天津、上海、海南、西藏等地民办中职学校数与上年保持不变。其中，值得关注的是，宁夏民办中职学校数增长较为明显，从上年的 2 所增加到 5 所，增长 150%，另有江苏减幅较大，增幅达 21.43%（见图 12）。

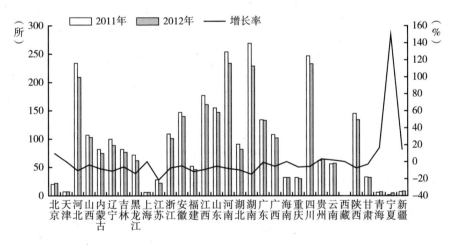

图 12　2011～2012 年各省民办中职学校数及增长率

资料来源：中国教育年鉴编辑部：《中国教育年鉴（2012～2013）》，人民教育出版社，2013～2014。

（2）多数省份民办中职在校生数仍在减少。2014年，多数省份民办中职在校生数继续减少，青海、贵州、重庆、云南等地除外。其中，云南的增长较为突出，增幅高达 17.24%，而在民办中职规模缩小的省份中，减幅最为明显的为江西、吉林省，减幅分别为 28.35%、28.39%（见图 13）。

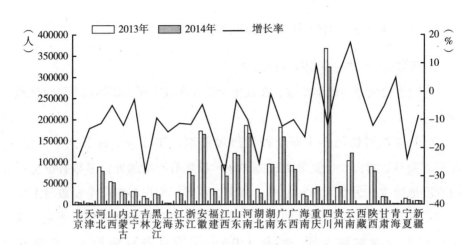

图13　2013～2014年各省民办中职在校生数及增长率

资料来源：教育部发展规划司：《2013年、2014年全国教育事业简明统计分析》，内部资料，北京，2014、2015。

注：西藏无民办中等职业学校。

（3）多数省份民办中职在校生所占比例持续下降。2014年，除云南、重庆、陕西、山东、山西、甘肃、河北、黑龙江、辽宁、安徽、青海、北京、上海等地之外，多数省份民办中职在校生占中职在校生总数的比例继续减少。其中，这一比例下降最为明显的为江西省，比上年下降3.95个百分点，其次为宁夏、湖北、海南，分别比上年减少1.82个、1.56个、1.55个百分点（见图14）。

2.省际民办中职在校生所占比例存在差距

（1）8省民办中职在校生所占比例超过全国水平。2014年，四川、云南、陕西、安徽、海南、江西、河南、湖南等8省的民办中职在校生所占比例超过全国水平（13.39%），其中四川、云南、陕西等地比例超过20%，分别为30.00%、24.60%、20.68%（见图14）。

（2）沪青等地民办中职在校生所占比例偏低。各地的民办中职在校生所占比例处于较低水平的有上海与青海，比例仅分别为2.15%、2.11%。

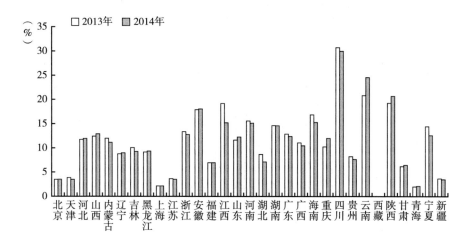

图14 2013～2014 年各省民办中职在校生占同级教育总人数的比例

资料来源：教育部发展规划司：《2013 年、2014 年全国教育事业简明统计分析》，内部
资料，北京，2014、2015。

注：西藏无民办中等职业学校。

（四）各省民办高等教育的发展状况

各地民办高等教育的办学规模迅速发展，多数省份民办高等学校在校生
及在校生所占比例继续增长，民办高校已成为我国高等教育培养人才的重要
途径。

1. 多数省份民办高等教育发展保持稳定

（1）多数省份民办高校学校数趋于稳定。2012 年，多数省份民办高校
数量与上年持平，内蒙古、黑龙江、安徽、江西、河南、湖南、四川、贵州
等地民办高校数量呈不同程度的增长，另有辽宁、上海、江苏、山东等地出
现小幅减少。其中，民办高校数增幅较大的为黑龙江和四川，分别为
12.50%、12.00%。除黑龙江、河南、海南等地有所减少外，多数省份民办
独立学院的学校数与上年保持不变（见图15）。

（2）多数省份民办本专科招生规模出现增长。2014 年，多数省份民办
本专科招生规模扭转了上年的减少趋势，呈不同程度的增长。其中，四川、

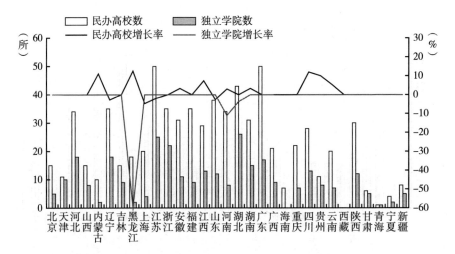

图15 2012 年各省民办高校及独立学院的数量及增长率

资料来源：中国教育年鉴编辑部：《中国教育年鉴（2012～2013）》，人民教育出版社，2013～2014。

山东、江西的增幅位于前三位，分别为 22.48%、22.11%、20.81%（见图16）。

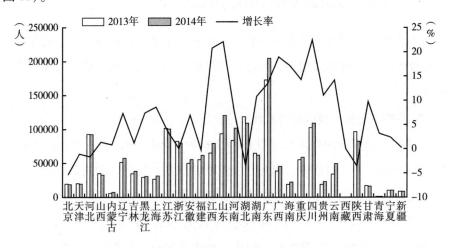

图16 2013～2014 年各省民办本专科招生数及增长率

资料来源：教育部发展规划司：《2013 年、2014 年全国教育事业简明统计分析》，内部资料，北京，2014、2015。

注：西藏无民办高等学校。

此外，多数省份民办高等教育招生数所占比例也有所增长，北京、天津、河北、吉林、湖北、贵州等6地除外。其中，民办本专科招生所占比例增长最快的为四川省，比上年增加 3.03 个百分点（见图 17）。

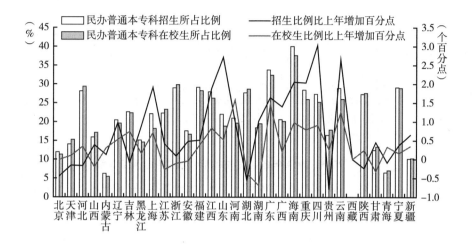

图 17　2014 年各省民办本专科招生、在校生所占比例及与上年变化情况

资料来源：教育部发展规划司：《2013 年、2014 年全国教育事业简明统计分析》，内部资料，北京，2014、2015。

注：西藏无民办高等学校。

（3）多数省份民办本专科在校生数持续增长。2014 年，绝大多数省份民办本专科在校生数继续增长，江苏、湖北、湖南、甘肃等地略有减少。其中，河南、广东、贵州、云南等地的年增长率均超过 10%，分别为 12.58%、12.08%、11.46%、10.63%（见图 18）。同时，多数省份民办本专科在校生所占比例继续呈增长趋势，湖南、江苏、甘肃、湖北等地除外。其中，河南、广东、云南等地民办本专科在校生所占比例增长较为明显，分别比上年增长 1.58 个、1.46 个、1.25 个百分点（见图 17）。

2. 多数省份独立学院招生数继续减少，约半数省份在校生规模呈增长趋势

（1）多数省份独立学院招生规模有所萎缩。与 2013 年相比，2014 年除内蒙古、辽宁、上海、江苏、浙江、重庆、甘肃、青海等地独立学院招生数

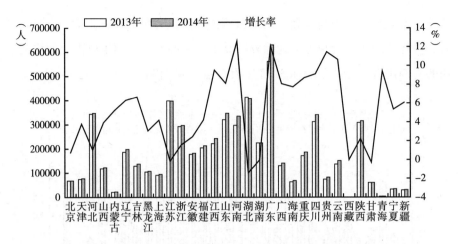

图 18   2013~2014 年各省民办本专科在校生数及增长率

资料来源：教育部发展规划司：《2013 年、2014 年全国教育事业简明统计分析》，内部资料，北京，2014、2015。

注：西藏无民办高等学校。

增加外，多数省份独立学院招生规模逐渐萎缩，其中吉林减少最快（减幅达到 19.62%）（见图 19）。

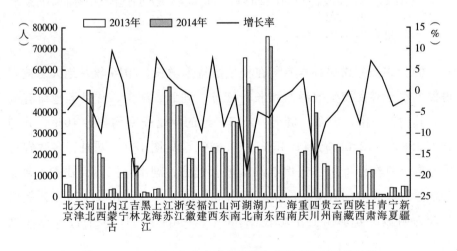

图 19   2013~2014 年各省独立学院本专科招生数及增长率

资料来源：教育部发展规划司：《2013 年、2014 年全国教育事业简明统计分析》，内部资料，北京，2014、2015。

注：西藏无独立学院。

（2）约半数省份独立学院在校生规模呈增长趋势。2014 年，约半数省份独立学院在校生数仍延续上年的增长趋势，河北、山西、辽宁、吉林、黑龙江、安徽、江西、山东、湖北、湖南、四川、陕西、甘肃等地除外。独立学院在校生年增长率较高的省份依次为青海、内蒙古、河南，分别比上年增长 9.42%、9.32%、8.67%（见图 20）。

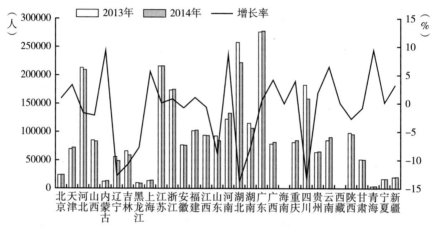

图 20　2013～2014 年各省独立学院本专科在校生数及增长率

资料来源：教育部发展规划司：《2013 年、2014 年全国教育事业简明统计分析》，内部资料，北京，2014、2015。

注：西藏无独立学院。

3. 省际民办高等教育所占比例存在差异

各省民办高等教育招生数所占比例、在校生所占比例均存在一定差异。2014 年，民办本专科招生数所占比例位居前三位的依次为海南、广东、福建，比例分别为 40.02%、33.78%、29.10%，而青海、内蒙古的比例尚不足 10%，分别为 6.50%、6.22%。海南省民办本专科在校生数所占比例最高，为 37.63%，而新疆、青海、内蒙古的比例相对偏低，分别为 10.28%、7.07%、5.43%（见图 18）。

（五）各省民办培训机构的发展状况

国家层面对民办培训机构的管理逐渐规范，民办培训机构的规模也趋于稳定。部分省（直辖市、自治区）民办培训机构规模出现萎缩，多数省份民办培训机构的数量以及教师数量均有所增加。

1. 约半数省份民办培训机构数有所减少

2012 年，天津、河北、内蒙古、吉林、上海、安徽、江西、湖北、广东、重庆、四川、贵州、陕西、甘肃等 14 地民办培训机构数呈不同程度减少，海南、新疆民办培训机构数与上年持平。其中，安徽民办培训机构规模减幅高达 47.46%，广东比上年减少 54.02%（见图 21）。

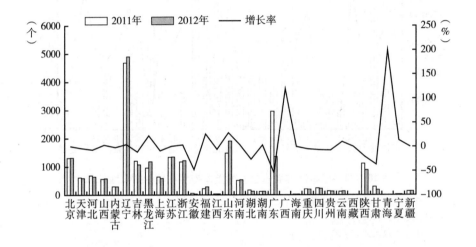

图 21 2011～2012 年各省民办培训机构数量（不计校数）

资料来源：中国教育年鉴编辑部：《中国教育年鉴（2012～2013）》，人民教育出版社，2013～2014。

注：西藏无民办培训机构。

2. 多数省份民办培训机构教师数量有所增长

2012 年，多数省份民办培训机构教职工及专任教师规模均较上年呈不同程度增长。其中，黑龙江民办培训机构教职工数增长最快，年增长率为 59.77%，宁夏民办培训机构专任教师增长最快，其次为黑龙江，年增长率分别为 49.16%、42.57%（见图 22）。

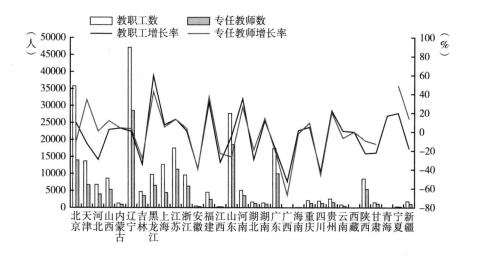

图22 2012年各省民办培训机构教职工和专任教师数及增长率

资料来源：中国教育年鉴编辑部：《中国教育年鉴（2012～2013）》，人民教育出版社，2013～2014。

注：西藏无民办培训机构；2011年，缺青海省数据。

二 各省（直辖市、自治区）民办教育政策的新进展

（一）各省政府工作报告关于民办教育的部署

各省、市、自治区于2016年初发布了当地的政府工作报告，针对当年教育发展的重点工作进行部署。其中，仅有9个省在其政府工作报告中明确将民办教育纳入教育领域的重点任务，江苏、浙江、云南等地在其政府工作报告中新增了关于民办教育的直接表述。其中，多数提出支持和发展民办教育的基本思想，值得注意的是，内蒙古与浙江均将普惠性民办幼儿园作为重点关注的内容，分别提出"扩大普惠性民办幼儿园覆盖面""完善普惠性民办幼儿园生均经费补助机制"，同时内蒙古还提出应进一步提高民办教育的办学水平，见表1。

表1 2015～2016 年各省政府工作报告关于民办教育的表述

序号	地区	2016 年	2015 年
1	内蒙古	扩大公办和普惠性民办幼儿园覆盖面。进一步提高民办教育、特殊教育办学水平	统筹推进学前教育、民族教育、特殊教育、民办教育和继续教育发展
2	辽 宁	鼓励、支持社会资本进入教育领域	鼓励和支持社会资本进入教育领域
3	福 建	支持发展民办教育	规范发展民办教育
4	河 南	支持和规范民办教育发展	深化办学体制改革
5	广 东	发展民办教育	推进特殊教育、民办教育、社区教育、成人教育与农村职业教育健康发展
6	重 庆	鼓励并规范社会办学	支持民办教育发展
7	江 苏	支持发展民办教育和社会教育	
8	浙 江	完善普惠性民办幼儿园生均经费补助机制	无
9	云 南	支持民办教育	

（二）地方促进与规范民办教育发展的政策举措

自党的十八届三中全会提出深化教育领域改革以来，地方政府也纷纷探索当地推进教育领域深化改革的具体模式和举措。在这样的背景下，很多区域也将支持和促进民办教育发展作为深化教育改革重点考虑的内容之一，相继出台了推动民办教育发展的政策文件，或通过多种途径积极探索民办教育分类管理的保障制度与配套举措等。

1. 出台促进民办教育发展的综合政策

继贵州、广东、浙江等省出台促进民办教育发展的政策文件之后，河南、甘肃省先后出台关于加快民办教育发展的意见。

2015 年 12 月，河南省人民政府颁布《关于加快推进民办教育发展的意见》，明确提出鼓励多种形式发展民办教育，如鼓励和支持企事业单位、社会团体、其他社会组织及公民个人利用非财政性资金依法以独资、合资、合作等形式兴办学校；鼓励实力雄厚的大集团、大企业投资兴建一批高起点、高水平的民办学校；支持国内外知名大学来豫办学或合作办学等。该文件提出从多个层面支持民间资本投资办学，并明确各级各类民办教育重点支持的内容，即面向大众、收费较低的普惠性幼儿园、以寄宿制及特色学校为主的中小学校以及有特色、高质量民办高等教育。同时，强调完善落实民办教育发展扶持政策，注重通过健全民办学校教师人事代理服务制度、建立完善民办学校教师社会保障制度等多种途径落实民办学校教师与公办学校的同等待遇。此外，在引导民办教育规范发展方面指出，完善民办学校内部治理结构，规范民办学校财务与资产管理，建立风险防范机制和信息公开制度；在优化民办教育发展环境方面指出，教育发展布局调整规划要考虑民办学校的布点问题，重点加大对非营利性民办学校的支持力度，健全民办学校事前审批和事后监管的管理服务体系。

2016年4月，甘肃省人民政府出台了《关于加快民办教育发展的意见（试行）》，指明了各级各类民办教育的发展方向，具体为：引导和支持民办幼儿园提供普惠性服务；支持义务教育阶段民办学校办出特色、办出水平；探索民办普通高中多样化发展的体制和培养模式；积极发展民办中、高等职业教育，提高办学层次和水平；保持民办高校（独立学院）规模稳定，规范学校管理，提高办学质量；引导和规范发展紧缺类、实用型民办非学历教育，建立健全民办教育发展服务平台，逐步完善终身教育体系。同时，该文件还提出进一步落实民办教育发展的十项措施，即加大公共财政对民办教育的扶持力度、建立基金奖励制度、拓宽社会力量发展民办教育的途径和领域、依法落实法人财产权、落实税费政策、支持合理用地、落实办学自主权、落实招生自主权、加强师资队伍建设、切实保障民办学校学生的合法权益。

2016年，重庆实施五大扶持政策加快民办教育发展。一是财政扶持政策，通过每年安排民办学前教育、高等教育专项扶持资金给予支持；二是土地税收政策；三是人事政策，打破教师职称评定瓶颈，将民办学校教师纳入"国培""市培"计划；四是融资担保政策；五是招生政策，14所民办高职成为提前单独招生院校，招生计划向民办高校倾斜。[1]

---

[1] 重庆市人民政府网：《重庆市实施五大扶持政策加快民办教育发展》，（2016-06-20）[2016-12-20]，http://www.cq.gov.cn/zwgk/zfxx/2016/6/17/1441472.shtml。

2. 出台加强民办教育专项资金管理的政策

2011~2013 年，湖南、云南、四川、内蒙古、河南、浙江等省集中出台了当地民办教育发展专项资金管理办法，对专项资金的使用范围、支持对象、资金拨付方式与管理方式等进行了相关规定。近年来，地方政府通过加大专项资金投入、加强资金管理等方式，确保专项资金到位且落到实处。2015 年起，云南省财政安排的民办教育发展专项资金数额增加到每年 1 亿元，有效支持了民办学校的快速发展。[①] "十三五"期间，江西等已设立民办教育发展专项资金的省份将逐步增长；没有设立民办教育发展专项资金的地区也将努力逐步实施。[②]

2015 年 11 月，为规范和加强自治区支持学前教育发展资金管理，内蒙古自治区财政厅、教育厅颁发《关于印发〈内蒙古自治区支持学前教育发展资金管理办法〉的通知》，依据国家层面关于支持学前教育发展资金的相关办法，结合实际情况制定了当地的具体管理办法。

2016 年 3 月，上海市教育委员会、上海市财政局发布《关于印发〈上海市促进民办教育发展专项资金管理办法〉的通知》，结合民办教育改革与发展的实践和需求，对 2006 年印发的《上海市促进民办教育发展专项资金管理办法》进行了修订。新管理办法指出，民办教育专项资金主要分为内涵发展和特色创建两类，其中内涵发展类主要支持民办高校教育教学条件改善、师资队伍建设和学科专业建设。特色创建类主要支持民办教育改革及其他促进民办教育改革发展的市级重大试验项目，包括用于竞争性较强的民办基础教育课程改革、学科基地和师资队伍建设、民办高校科研项目、综合改革项目及委托实施的公共服务平台项目等。因此，这次管理办法的修订进一步明确了民办教育发展专项资金支持的类别、内容、评审办法等，有利于更

---

① 《贯彻新理念把握新机遇 我省民办教育健康持续发展》，（2016 – 12 – 06）［2016 – 12 – 20］，http://www.yn.gov.cn/yn_wsbs/yn_jy/yn_jydt/201612/t20161206_27725.html。

② 中国民办教育协会网：《江西省积极扶持民办教育发展》，（2016 – 11 – 03）［2016 – 12 – 20］，http://www.canedu.org.cn/index.php? m = content&c = index&a = show&catid = 101&id = 1594。

好地促进民办教育发展专项资金能够落到实处。

2016 年 8 月，陕西省教育厅对全省民办高校民办高等教育发展专项资金使用情况进行全面评价，并要求陕西省民办院校通过仔细分析所在学校 2012 年至 2015 年四个年度民办高等教育发展专项资金的使用效益，以最大限度发挥其作用。

2016 年 9 月，浙江省财政厅发布《关于开展 2015 度浙江省教育发展专项和市县民办教育投入情况检查工作的通知》，提出对浙江省 2015 年教育发展专项和市县民办教育投入情况进行一次专项检查，由省财政厅统一组织、省教育厅参与，各地财政会同当地教育部门配合，具体委托浙江普华会计师事务所实施。可见，当地政府对民办教育专项资金的管理与监督给予高度重视，对于规范资金管理、提高资金效应起到重要保障作用。

3. 出台加强民办非学历教育机构管理的政策

为进一步改善民办教育发展环境，提高民办教育品质，规范民办非学历教育机构的管理，上海、宁夏等地专门出台或修订民办非学历教育机构设置管理办法。

继 2013 年上海市出台《上海市经营性民办培训机构登记暂行办法》《上海市经营性民办培训机构管理暂行办法》之后，2015 年 9 月 22 日上海市教育委员会、上海市民政局、上海市社会团体管理局又出台了《上海市民办非学历教育机构管理办法》，该办法不仅涉及民办非学历教育机构的申办条件、审批程序、变更程序、监督和管理办法等内容，同时还专门规定了扶持与鼓励的相关政策，即对为民办非学历教育发展做出突出贡献的集体和个人给予表彰和奖励、支持鼓励行业组织和专业机构对民非教育机构的校长、教师及管理人员进行培训、依法享受税收优惠政策等。

2016 年 3 月，宁夏回族自治区教育厅颁布《关于印发〈宁夏回族自治区民办非学历教育机构设置管理办法〉的通知》，对原办法进行了修订，新修订的管理办法对民办非学历机构的办学场地、资金、人员以及管理等方面做出具体规定，通过严格限制不符合条件民办非学历机构办学的方式，规范与加强民办非学历教育机构的管理。

4. 出台其他创新举措

部分地方政府从各地实际和需求出发，积极出台和创新促进地方民办教育发展的重要举措，积极开展各种实践探索。

在推进民办教育领域改革创新方面，北京市做了很好的创新与探索，于2014 年 9 月专门启动并实施了为期 3 年的"民办教育机构参与中小学学科教学改革"项目，主要包括民办教育机构参与小学英语教学改革、民办教育机构参与中学学科教学改革，引入民办教育机构开展委托办学等工作。此举是扩大优质资源覆盖面、丰富基础教育供给的一种新模式，旨在充分发挥民办教育机构在师资、教学、课程、管理等方面的优势，激发中小学办学活力，促进教学方式的转变与改进，同时也有助于实现公办校与民办校的共同发展与提高。为确保此项目的顺利开展和实施效果，2015 年 3 月 25 日，北京市教育委员会、北京市财政局还专门制定了《北京市民办教育机构参与中小学学科教学改革项目管理办法（试行）》，有效促进了该项目的顺利实施。截至 2015 年 7 月，东城、西城、朝阳等 10 个区 76 所中小学与 11 家民办教育机构实现有效对接，民办教育培训机构选派 200 余名教师进入公办中小学。①

2016 年 2 月 5 日，浙江省人民政府办公厅颁布《关于开展建立各类事业单位统一登记管理制度试点促进民办公益事业发展的指导意见》，决定在民办教育和医疗卫生等公益服务机构中开展事业单位法人登记试点，取得经验后再向其他公益服务领域拓展，逐步建立各类事业单位统一登记管理制度。② 该举措是在民办教育分类管理背景下对现行事业单位登记管理制度改

---

① 教育部网站：《北京市积极探索向社会力量购买教学服务》，（2015 – 07 – 27）［2016 – 12 – 25］，http：//www. moe. edu. cn/jyb _ xwfb/s6192/s222/moe _ 1732/201507/t20150727 _ 195758. html。

② 《浙江省编委办解读建立各类事业单位统一登记管理制度试点工作》，（2016 – 03 – 08）［2016 – 12 – 25］，http：//mp. weixin. qq. com/s？src = 3&timestamp = 1484550073&ver = 1&signature = 1IAvprdt60AMNTB6L7osepDETRWg523fo8f ＊ oZB9v3SxZxQ1yzAdMrSyNu93Ou ne-AnxRVhcjdofVi ＊ W33lpZV8XfocdNKB135pesq08mJ-4BaydYhtVHA ＊ ynze2XoPDEAk-Zgx7k5-zMIM72JossA = = 。

革的具体创新，通过将民办公益机构登记为民办事业单位的方式，一方面大力促进社会力量举办公益事业，有效缓解了公办基本公共服务资源不足的困难，另一方面也从制度上有效保障了民办公益机构及相关人员的合法权益，进一步促进其健康发展。

"十二五"以来，我国民办教育的总体发展环境逐渐优化，尤其是《民办教育促进法》的修订，为民办教育今后的发展提供更广阔的空间，同时也带来较大的挑战。国家通过多种途径鼓励社会力量兴办教育，鼓励民办教育采取更加灵活的办学形式与教学方式，也在深入推进教育综合改革的进程中取得一定的成效。在这样的总体环境和背景下，我国各级各类民办教育规模继续扩大，办学条件逐渐完善，逐渐形成民办教育快速健康、规范发展的态势。与此同时，地方政府也在积极探索和创新促进民办教育发展的举措，出台了推动民办教育发展的地方文件，并积极探索分类管理的配套管理制度等。

从全国民办教育发展的总体规模来看，2014 年，在各级各类民办教育中，除民办中等职业教育有所缩小外，其他各级民办教育的办学规模均延续扩大趋势。从地方各省民办教育的发展状况来看，尽管省际的差距较大，但各省民办教育规模的发展现状与全国的总体情况大体一致，省际的共同点主要表现在：一是民办学前教育迅速发展，扩张速度较快；二是民办中小学校的办学规模趋于稳定；三是民办中等职业教育的办学规模继续减少；四是民办高校招生及在校生规模均有所扩大；五是民办培训机构的办学规模有所萎缩。

专 题 篇

Special Reports

中国民办高等职业教育的政策
回顾（1985~2018年）

王伯庆*

摘　要： 改革开放以来，国家大力推动了民办高等职业教育有关的
法律法规与政策变革，促使民办高职教育取得了较好的发
展。1985 年以后的相关政策，大致可分为两个阶段。
1985~2010 年，伴随着地方政府教育管理自主权的逐渐
提升，民办教育事业的政策保障不断加强，社会力量参与
民办高职教育建设的程度不断加深；2010 年至今，政府
进一步鼓励引导民间投资进入高职教育，强调民办与公办
职业学校的同等法律地位，出台优惠政策激励民办职业教
育发展，并强化规范体系建设，推进对民办高职院校的规
范管理。

---

* 王伯庆，麦可思公司创始人、总裁。

关键词： 民办高等职业教育　政策回顾　政府引导　规范管理

改革开放后，国家需要大量的专业人才投入到新时期的社会主义建设当中，而经济建设大量急需的职业和技术教育发展不足，既有的教育体制并不能满足国家的人才需要。因此，国家出台了一系列政策推动教育体制改革，民办高等职业教育的兴起也得益于此。此后至今，在长期的政策支持与引导下，民办高等职业教育得到了较好的发展空间与发展环境。

一　1985～2010年的民办高等职业教育政策

1985年，中共中央出台了《中共中央关于教育体制改革的决定》（以下简称《决定》），标志着中国教育改革的开始，中国在新时期的职业教育发展也得益于此。《决定》认为，当时的中国教育存在三点问题：教育事业管理过于死板，职业教育发展不足，教育事业落后于社会发展需要。《决定》针对职业教育发展提出了相应的整改要求。首先改革人事制度，肯定了"先培训，后就业"的用人原则，确定了职业教育在国家劳动力培养体系中的地位。针对职业教育体系建设，国家提出"发展职业技术教育要以中等职业技术教育为重点，发挥中等专业学校的骨干作用，同时积极发展高等职业技术院校"，为职业院校的兴办提供了政策依据。在办学主体的性质上，《决定》提出要"发展职业技术教育，要充分调动企事业单位和业务部门的积极性，并且鼓励集体、个人和其他社会力量办学"。但是《决定》只是提出了一些原则性的指示，伴随着中国政治经济改革的深入，教育体制需要进一步进行改革，配套的教育政策也需要进一步细化。

1993年后，党和政府出台了一系列教育政策，继续推动教育体制改革。这些政策提升了地方政府在教育管理中的自主权，逐步放开了对社会力量进入教育事业的限制，并逐步加强了对民办教育与职业教育的规范和保障，改善了民办教育的发展环境，为民办高等职业教育的发展提供了机遇。

具体来说，国家政策的演变主要体现在以下方面。

（一）地方政府教育管理自主权逐渐提升

伴随着中国的教育体制改革，中央部门逐渐加大简政放权力度，明确教育管理中的分工策略，逐步扩大教育管理中地方政府的自主权，这一转变对于高等职业教育的发展有着重要意义。地方政府院校建设中自主权力得到提高，使得地方政府有能力根据自身条件来响应中央发布的各项教育政策，提升教育政策的实际实施效率。国家在教育改革中所推行的一系列的简政放权政策，为教育管理者在进行教育建设的过程中提供了行动上的支持。

1994 年国务院发布了《国务院关于〈中国教育改革和发展纲要〉的实施意见》，开始"探索部门所属院校由各省、自治区、直辖市政府领导或实行中央部委和各省、自治区、直辖市政府之间多种形式的联合办学。"这一措施意味着中央开始尝试将中央教育部门的权力下放到各省厅，地方政府教育部门在办学上的自主权开始逐渐扩大。

1998 年，教育部发布《面向 21 世纪教育振兴行动计划》，提出在"今后 3 ~ 5 年，基本形成中央和省级政府两级管理、分工负责，在国家宏观政策指导下，以省级政府统筹为主的条块有机结合的新体制"，将教育管理的权力进一步下放到地方政府手中。

教育部 2002 年发布了《全国教育事业第十个五年计划》，提出要将教育分级管理工作进一步推进到高等教育层次，"全面完成高等教育管理体制改革和布局结构调整，建立、健全中央和省级人民政府两级管理、以省级人民政府管理为主的新体制。"

（二）社会力量参与职业教育建设程度不断加深

伴随着中国政治经济改革的深入，为适应社会主义市场经济体制的建设要求，国家鼓励社会力量参与到教育建设事业当中来。国家对于社会力量参与办学限制的开放是一个渐进的进程，而非一次性地放开对其参与教育事业建设的限制。

1. 起始阶段

国家在 1985 年正式开展了教育体制改革，并提出在教育事业建设中引入社会力量。而后，在 1993 年，中共中央、国务院印发了《中国教育改革和发展纲要》，提出"社会办教育"的号召。指出在教育建设中要"充分调动各部门、企事业单位和社会各界的积极性，形成全社会兴办多种形式、多层次职业技术教育的局面"。1995 年，《国民经济和社会发展"九五"计划和 2010 年远景目标纲要》提出"鼓励和吸引社会各界广泛参与社会事业发展，多渠道筹措发展资金。"同年，国家颁布《中华人民共和国职业教育法》（以下简称《职业教育法》），通过立法的方式明确了民办职业教育机构的合理性与合法性，提出"国家鼓励事业组织、社会团体、其他社会组织及公民个人按照国家有关规定举办职业学校、职业培训机构。"社会力量办学得到了法律的认同，民办高等职业教育的合法性获得了正式法律的支持。

2. 规范阶段

《职业教育法》以立法形式确定了社会力量办学的合法性，但是并没有对社会力量办学进行具体的规范。社会力量办学在具体实践中如何进行规范和管理成为一个问题。国家开始试图建立法律法规，将社会力量办学纳入国家规范体系当中来。

为了规范社会力量办学，国务院在 1997 年颁布了《社会力量办学条例》，此文件从学校的设立、教学管理、办学规范、政府支持等方面对社会力量办学进行了规范，并提出国家对社会力量办学实行"积极鼓励、大力支持、正确引导、加强管理"的方针。此时，国家一方面希望能够动员社会力量参与到职业教育当中，从而动员可能的社会资源进入到国家的教育建设事业中来。另一方面，国家仍然对于社会力量参与到高等教育采取限制态度。

2002 年，教育部发布《全国教育事业第十个五年计划》（下简称《教育十五计划》），提出要"拓宽办学渠道，增加新的教育资源，以各种形式扩大办学规模……进行多种模式、多种机制的高等教育办学试验。"为响应

《教育十五计划》的要求，国家在 2003 年出台了《中华人民共和国民办教育促进法》，同时废除了《社会力量办学规范》，增强了对民办教育的规范管理，提升了民办学校的办学自由度。国家对民办教育的指导方针由"加强管理"转化为"依法管理"，国家开始将民办教育的管理放置在法律体系下进行规范，而不是单纯依靠行政手段对民办教育进行管理。

3. 引导支持阶段

在针对民办教育的制度规范体系初步建立之后，国家对于社会力量办学给予了更为积极的推动。国家开始对民办教育进行方向性引导，并逐步推行了多种保障政策进行支持。

2004 年，教育部颁布《2003～2007 教育振兴行动计划》，提出教育改革要"按照'积极发展、规范管理、改革创新'的原则，……拓宽经费筹措渠道，建立社会投资、出资和捐资办学的有效激励机制"。针对民办职业教育，2005 年《国务院关于大力发展职业教育的决定》提出，要"加大对民办职业教育的支持力度，制定和完善民办学校建设用地、资金筹集的相关政策和措施。"2010 年《国家中长期教育改革和发展规划纲要》指出要"建立健全政府主导、行业指导、企业参与的办学机制，……鼓励行业组织、企业举办职业学校。"

教育体制改革的深入逐渐开放了社会力量办学的限制，国家对动员社会力量办学的态度从政府管理下有限度的鼓励变为了法律范围内的大力支持。对于社会力量办学的放开对于民办高职教育的发展无疑是起到了推动的作用。尤其是在 2003 年《中华人民共和国民办教育促进法》颁布后，全国民办高职学校数量由 2002 年的 113 所增长到了 2004 年的 208 所，两年内几乎翻了一倍。

（三）民办教育事业政策保障不断加强

民办高职教育是民办教育事业的有机组成部分，也是中国现代职业教育体系中的重要组成部分。国家在鼓励社会力量参与教育事业建设的同时，也陆续出台了一系列的政策来保障民办教育事业的稳定运行与发展。

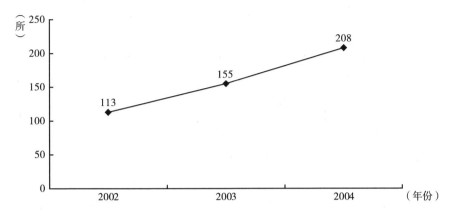

图1 2002~2004年全国民办高职学校数

资料来源：中华人民共和国教育部：《高等教育学校（机构）数》，（2002－5－10）[2016－07－15]，http://www.moe.gov.cn/s78/A03/moe_560/moe_568/moe_581/201002/t20100226_10559.html。

1. 国家承认民办教育机构及其成员与公办学校的平等地位

1997年颁布的《社会力量办学条例》首先提出民办教育机构的学生在就业等方面与公办学校学生享有平等地位，保障了民办学校学生的权利。而后，在2005年《国务院关于大力发展职业教育的决定》中，民办职业教育在国家教育发展规划中获得了与公办学校相对平等的政策地位，提出要"把民办职业教育纳入职业教育发展的总体规划。……在师资队伍建设、招生和学生待遇等方面对民办职业院校与公办学校要一视同仁。"2010年《国家中长期教育改革和发展规划纲要》指出要"依法落实民办学校、学生、教师与公办学校、学生、教师平等的法律地位。清理并纠正对民办学校的各类歧视政策。制定完善促进民办教育发展的优惠政策。"重新强调了民办教育与公立教育的平等地位。

2. 国家在政策上对民办职业教育学校逐步加大扶持力度

在2004年之前发布的有关民办职业教育的政策文件中，对于民办职业教育学校所强调的是提升其与公办学校在办学条件上的平等性。2004年，国家开始对民办教育进行有针对的政策扶持。

2004 年发布的《2003～2007 教育振兴行动计划》指出，要"明确国家对于民办学校的扶持措施，落实相关优惠政策，加强政策引导；促进民办教育扩大办学规模，改善办学条件，提高办学质量，增强办学实力；表彰奖励成绩突出的民办学校和教育机构。"

2010 年《国家中长期教育改革和发展规划纲要》从资金、师资、社保等方面提出了针对民办教育的保障措施。文件提出，要"建立完善民办学校教师社会保险制度。健全公共财政对民办教育的扶持政策。政府委托民办学校承担有关教育和培训任务，拨付相应教育经费。县级以上人民政府可以根据本行政区域的具体情况设立专项资金，用于资助民办学校。国家对发展民办教育做出突出贡献的组织、学校和个人给予奖励和表彰。"在职业教育上，"制定优惠政策，鼓励企业接收学生实习实训和教师实践，鼓励企业加大对职业教育的投入。各级政府要把发展民办教育作为重要工作职责，鼓励出资、捐资办学。"

总之，自 1985 年以来，在中国的教育体制改革过程中，高校和地方政府的行动自主权得到增强，社会力量参与教育事业的规范性和自由度得到提升，民办高等职业教育在国家教育体系中的位置得到确认。国家在教育改革中逐渐建立起来了"政府主导、依靠企业、充分发挥行业作用、社会力量积极参与，公办与民办共同发展"的多元办学格局和"在国务院领导下，分级管理、地方为主、政府统筹、社会参与"的管理体制。伴随着国家教育的改革与发展，民办高职教育的发展逐渐得到了国家政策的鼓励与支持，并在国家的教育发展规划中确定了自己的地位。

但是，此阶段国家颁布的教育政策主要是原则性的内容，在民办高职院校发展的政策执行中，仍然缺乏统一且具体的规范来进行指导。学者揭岑（2007）指出，此阶段的民办高职教育面临缺资金、缺师资、缺规范的"三缺"困境①。将现有规划的原则性内容转化为具体的帮扶措施与规范措施，成为新阶段的重要任务。

---

① 揭岑：《论民办职业教育的困境与发展》，《职教论坛》2007 年第 13 期，第 42～44 页。

二 2010年以来民办高等职业教育政策的新进展

2010年出台的《国家中长期教育改革和发展规划纲要2010～2020》（下简称《教育规划纲要》）提出了本阶段中国教育改革的发展方向。《教育规划纲要》确定了2020年我国职业教育体系的建设目标，提出要建设现代职业教育体系，要"形成适应经济发展方式转变和产业结构调整要求、体现终身教育理念、中等和高等职业教育协调发展的现代职业教育体系"。为达成这一目标，《教育规划纲要》从政府责任、教学管理、企业参与等多个方面对职业教育发展提出了要求。同时，地方政府与中央各部委也对《教育规划纲要》的推行提供了配套政策，对国家规划中的原则性内容进行了操作化处理。

在2013年《中共中央关于全面深化改革若干重大问题的决定》中，中共中央再次强调了现代职业教育体系建设的重要性，提出"快现代职业教育体系建设，深化产教融合、校企合作，培养高素质劳动者和技能型人才。"针对教育事业本身，要从管理上"深入推进管办评分离，扩大省级政府教育统筹权和学校办学自主权，完善学校内部治理结构……健全政府补贴、政府购买服务、助学贷款、基金奖励、捐资激励等制度，鼓励社会力量兴办教育。"2016年《中华人民共和国国民经济和社会发展第十三个五年规划纲要》提出要进一步"完善现代职业教育体系，加强职业教育基础能力建设。"文件从办学主体、培养模式、教学方式等多个方面对职业教育发展提出了指导性意见。同时，在对教育事业的管理上，文件延续了在管理中放权的基本精神。针对民办教育，则进一步提出要"建立分类管理、差异化扶持的政策体系，鼓励社会力量和民间资本提供多样化教育服务。"① 总之，国家在关于教育事业的纲领性文件中指出了现代职业教育体系的改革方向，具体内容呈现为如下几方面。

---

① 中国政府网：《中华人民共和国国民经济和社会发展第十三个五年规划纲要》，2016年3月17日，http：//www.gov.cn/xinwen/2016–03/17/content_ 5054992.htm。

（一）加强政府引导，鼓励民间投资进入高等职业教育事业

2010 年，国务院发布《国务院关于鼓励和引导民间投资健康发展的若干意见》，提出"鼓励民间资本参与发展教育和社会培训事业。"要求在民办院校建设中落实对民办学校的人才鼓励政策和公共财政资助政策，研究建立民办学校的退出机制。

为了规范教育领域中民间资本的行动，2012 年教育部出台了《教育部关于鼓励与引导民间资金进入教育领域促进民办教育健康发展的实施意见》。文件提出"鼓励发展民办职业教育，积极支持有特色、高水平、高质量民办高校发展。"并从教师待遇、学生保障、经费投入、办学自主权等多个方面对民间资本办学给以鼓励与支持。同时，文件中也提出，要完善学校治理结构，建立民办学校风险防范机制与退出机制。

这些规定一方面激励了民办高职教育的发展，鼓励了更多的民间资金投入到高职教育建设当中来，从而为高职教育的发展提供了更多的资源。另一方面也完善了政府对教育事业中民间投资行动的政策保障与规范引导，对民办的教育机构的行动进行了更为完善的引导，有利于民办高职教育的规范发展。

（二）进一步强调民办与公办职业学校的同等法律地位，保障民办学校与公办学校公平竞争

国家不仅确立了民办高等职业教育在国家职业教育体系中与公办学校同等的法律地位，在政策上也给了民办高等职业学校相对平等的支持。

在 2014 年《现代职业教育体系建设规划》中（下简称《职教体系规划》），国家再次强调，在现代职业教育体系中，要"建立政府、企业和其他社会力量共同发挥办学主体作用，公办和民办职业院校共同发展的职业教育办学体制。……各类主体兴办的职业院校具有同等法律地位，依法公平、公开竞争。"具体来说，民办职业高校与公办学校在税收上享受同等待遇，民办高职院校学生享受国家奖助学金覆盖，中央财政部分专项规划（如职业教育实训基地项目等）对民办职业院校同等对待。

（三）教育投入中处理好政府与社会关系，设置优惠政策激励民办职业教育发展

国家对于民办教育中的经费投入开始从主要依靠民间资本自筹转向了国家与民间资本共同投入，同时在民办高职院校的资金来源渠道上开始尝试多元化的配置，并试图在教育投资上给以优惠刺激。

2014年《国务院关于加快发展现代职业教育的决定》提出，要"健全社会力量投入的激励政策。鼓励社会力量捐资、出资兴办职业教育，拓宽办学筹资渠道。"要通过完善办学的融资渠道，来保障办学的经费问题，缓解职业学校，尤其是民办职业学校的经费困难问题。

同年，财政部、教育部联合发布文件，阐明了在高等职业教育中政府与市场间的关系①，指出在高等职业教育建设中要同时发挥政府和企业的双重作用。一方面，要"坚持政府投入的主渠道作用，优化财政支出结构，不断加大财政投入力度，新增财政投入要向包括高职教育在内的职业教育倾斜"。同时，要"进一步完善多渠道筹措高职教育经费的机制，鼓励企业和社会力量采取直接投资或捐赠等形式参与举办职业教育，促进高职教育经费投入稳定增长。"

（四）在民办高职院校建设中加强规范体系建设，推进对民办高职院校的规范性管理

民办高职教育在管理上仍然缺乏一个完善的规范体系，虽然国家针对民办教育颁布了相关法律，但是在民办高职院校的具体运营管理问题上，仍然需要进行进一步的深化处理。

在2010年《教育规划纲要》中，国家对于民办教育发展给出了具体的管理规范。规范从民办学校分类管理、学校内部治理结构、学校内外部督导

---

① 财政部、教育部：《关于建立完善以改革和绩效为导向的生均拨款制度加快发展现代高等职业教育的意见》，2014年10月30日，http://jkw.mof.gov.cn/zhengwuxinxi/zhengcefabu/201411/t20141128_ 1161021.html。

制度、学校财产管理、民办教育评估等方面提出了细化的指导意见，使得原有的原则性方针具有了可操作、可实施的空间。

由此可见，国家对于民办教育的规范已经开始进入到细化阶段，对于原有政策的原则性内容，国家发布了补充政策进行解释与推进。但是，现有的政策内容仍然存在不足之处。有研究者指出，由于现阶段政府对于民办高职教育缺乏统一的协调机制，各地方政府在民办高职院校的管理中存在较大的差异。同时，民办教育机构在法律中的身份并不明确，在具体的管理过程中，如何确定其身份并制定相应的税收、用地等政策便成了一个问题。①

---

① 任平、代晓容：《民办职业教育困境破解的政策分析》，《广东技术师范学院学报》2013 年第 11 期，第 106～111 页。

中国民办高等职业教育的发展面貌

王伯庆*

摘　要：　经过较长时期的发展积淀，中国民办高等职业教育有了较好的
　　　　　发展，在办学规模、结构性分布、教师构成、毕业生就业状况
　　　　　方面，呈现了较为突出的特点。2011～2015 年，民办高职学校
　　　　　数量略有波动、基本持平，而民办高职学校数占全国高职学校
　　　　　数的比例略有下降。从区域分布来看，民办高职学校数量东部
　　　　　南部多、西北部少；从专业结构来看，开设的财经大类专业数
　　　　　量最多，其次为制造大类专业；从生源结构来看，多数省份民
　　　　　办高职院校以省内生源为主。2013～2015 年，民办高职院校专
　　　　　任教师数呈增长趋势，生师比呈下降趋势，双师型素质教师队
　　　　　伍基本稳定，专任教师以中级职称为主、以本科学历为主。民
　　　　　办高职院校毕业生的就业率呈平稳态势；月收入低于全国高职
　　　　　院校毕业生；半数以上留在当地，多数到中小微型企业等基层
　　　　　服务；9 成以上雇主对民办高职毕业生感到满意。

关键词：　民办高等职业教育　办学规模　教师构成　就业状况

经过较长时间的发展积淀，中国民办高等职业教育取得了较好的发展，
在办学规模、结构性分布、教师构成、毕业生就业状况方面，呈现了较为突
出的特点。

* 王伯庆，麦可思公司创始人、总裁。

一 民办高职教育的办学规模

（一）民办高职学校数略有波动、基本持平

2011 年至 2013 年，全国民办高职学校数量持续上升，2013 年达到顶峰，为 325 所。2013 年起，民办高职数量开始下降，2014 年降至 307 所，相较 2013 年减少了 18 所，与 2015 年（306 所）基本持平（见图 1）。从学校总数来看，全国民办高职院校的规模 2013 年后出现明显的缩减，出现了民办高职关停、合并的小高峰。2015 年民办高职学校办学规模逐渐趋于稳定。

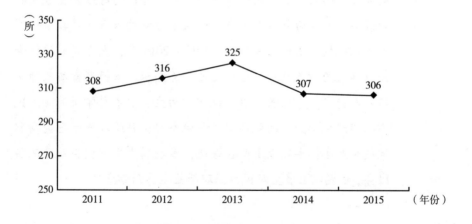

图 1 2011～2015 年全国民办高职学校数

资料来源：中华人民共和国国家统计局：《民办专科院校数》，（2015）［2016 - 07 - 20］，http://data. stats. gov. cn/easyquery. htm? cn = C01&zb = A0M0C&sj = 2014。

（二）民办高职学校数占全国高职学校数的比例略有下降

从 2011～2015 年数据来看，民办高职学校数占全国高职学校数量的比例略有下降，但总体较为稳定。其比例变化趋势与民办高职学校数量这五年

的变化趋势一致，2011 年至 2013 年总体呈现上升趋势，峰值出现在 2013
年（24.6%），随后民办高职院校比例逐年下降，2014 年回落至 23.1%；
2015 年占比最低，为 22.9%，较 2013 年降低了 1.7 个百分点（见图 2）。
虽然占比出现波动，但是 2015 年仍有超过 2 成的高职院校是民办高职院校，
其仍是高职院校的重要组成部分。

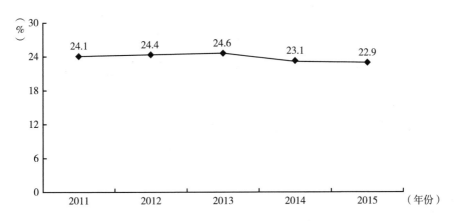

图 2　2011～2015 年全国民办高职学校数占全国高职学校数的比例

资料来源：中华人民共和国国家统计局：《民办专科院校数》，（2015）［2016 - 07 - 20］，
http：//data. stats. gov. cn/easyquery. htm？ cn = C01。

（三）民办高校专科在校生数总体呈上升趋势①

从在校生数量看，民办高校中的专科在校生数量呈现总体增长趋势。
2012 年民办高校专科在校生数为 191. 9 万人，较 2011 年的 193. 3 万人下降
了 1. 4 万人。2012 年至 2014 年，民办高校专科在校生数量逐年递增趋势明
显，并且增速有所提升（2013 年、2014 年上升率分别为 2. 1% 与 8. 4%）。
2014 年在校生数量达到四年来最大值，为 212. 3 万人。

对民办高校不同学历在校生数量进行统计可以发现，近年来民办高校专

---

① 由于民办高校专科在校生数是指所有层次的民办高校中的专科在校生数，故不能直接反映
民办高职学校专科在校生数量情况，仅是对民办高职学校在校生规模的参考数据。

科学历在校生数的增长速度呈上升趋势，2012 年下降 0.7% （见图 3），2013 年、2014 年的增长率分别为 2.1%、8.4%；民办高校本科学历在校生数的增长趋势较明显，但增速有下降趋势（三年增长比例分别为 9.4%、6.0%、3.7%），与民办高校专科学历在校生数量增速提升的趋势对比可以看出，2011～2013 年民办本科在校生数量增速高于民办专科在校生数，而 2014 年民办本科在校生数量增速低于民办专科在校生数。这可以进一步印证，民办专科在校生规模正逐渐扩大，发展势头强劲。民办高校专科在校生数的增加，对于增加学校经费收入、完善学校相关设施、提高民办高校在社会上的整体影响力都具有重要意义。

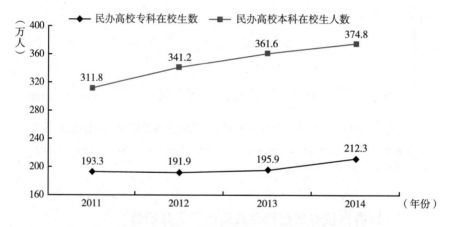

图 3　2011～2014 年全国民办高校专科及本科在校生数

资料来源：中华人民共和国教育部：《各级各类民办教育基本情况》，（2015－08－25）[2016－07－20]，http://www.moe.gov.cn/s78/A03/moe_560/jytjsj_2014/2014_qg/201509/t20150902_205098.html。

（四）民办高校专科在校生数占全国高校专科在校生数的比例基本稳定

总体上看，民办高校专科在校生数占全国高校专科在校生数比例较为稳定。2012 年占比（19.9%）较 2011 年（20.2%）略有下降，2013 年、2014 年呈现逐年上升趋势，2014 年达到 21.1%。

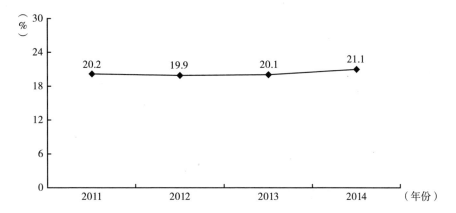

图4 2011～2014年全国民办高校专科在校生数占全国高校专科在校生数的比例

资料来源：中华人民共和国教育部：《各级各类民办教育基本情况》，（2015－08－25）〔2016－07－20〕，http：//www. moe. gov. cn/s78/A03/moe＿560/jytjsj＿2014/2014＿qg/201509/t20150902＿205098. html。

（五）民办高校专科招生数呈现加速上升趋势

2011年至2014年民办高校专科招生数总体呈现上升趋势，并且增速有所上升。2011年与2012年招生数基本持平，2013年同比增幅为3.5%。2014年增长速度加快，增幅达到17.8%，招生总人数达到80.17万人。2012～2014年的连续扩招使得民办高校专科在校生数量不断增加，民办专科规模进一步加大。

结合同时期民办高职学校数量来看，2013年到2014年民办高职学校数量与其占全国高职学校比例均呈现下滑趋势，而同年份民办高校专科在校生数及招生人数有明显上升，两者变化趋势不一致。可以推测，民办高职学校在缩减学校数量的同时，仍然在扩大招生，可以反映出民办专科院校在进一步调整办学结构，提高办学质量，加大高职人才的输送量，从而进一步满足市场需求。

（六）民办高校专科毕业生数略有下降

从数据可以看出，2011年至2014年民办专科毕业生数呈平稳下降趋

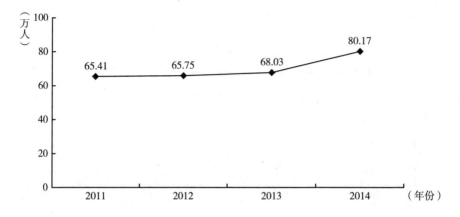

图5 2011～2014年全国民办高校专科招生数

资料来源：中华人民共和国国家统计局：《民办高校专科招生数》，（2015）［2016－07－20］，http：//data. stats. gov. cn/easyquery. htm？cn＝C01&zb＝A0M0C&sj＝2014。

势。2012年，民办高校专科毕业生数较2011年略有降低，降幅为1.1%；2013年毕业生数较2012年下降较多，降幅为4.7%；而2014年毕业生人数则与2013年基本持平。

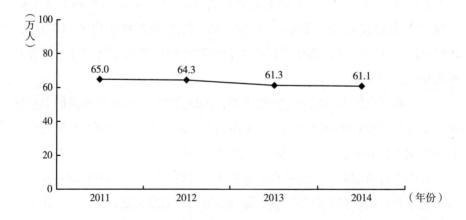

图6 2011～2014年全国民办高校专科毕业生数

资料来源：中华人民共和国国家统计局：《民办高校专科毕业生数》，（2015）［2016－07－20］，http：//data. stats. gov. cn/easyquery. htm？cn＝C01&zb＝A0M0C&sj＝2014。

（七）民办高校专科不能准时毕业的学生①比例呈上升趋势

不能准时毕业的学生比例在一定程度上可以反映当年学校毕业要求的严格程度，也可以反映学生质量以及教学质量等多方面的因素。

总体来说，2012 年至 2014 年不能准时毕业的学生比例呈上升趋势。2012 年与 2013 年不能准时毕业的学生比例较低，均为 4.4%，2014 年不能准时毕业的学生比例较前两年有明显增加，为 6.5%。不能准时毕业的学生比例增加在一定程度上可以反映出生源质量的变化，结合一些高职院校面临的招生难的困境以及某些省份高职院校录取分数线持续走低的现状，可以推测，生源质量的下降可能是影响 2013 ~ 2014 年不能准时毕业的学生比例上升的原因。但对于某些办学质量较高的民办高职来说，这也可以从另一个方面反映出学校提高了对毕业生的要求，并加强了对教学质量的把控。

（八）不同地区经济水平影响民办高职生均财政拨款水平

根据《财政部教育部关于建立完善以改革和绩效为导向的生均拨款制度加快发展现代高等职业教育的意见》（财教〔2014〕352 号），"年生均财政拨款水平"是指政府收支分类科目"2050305 高等职业教育"中，地方财政通过一般公共预算安排用于支持高职院校发展的经费，按全日制高等职业学历教育在校生人数折算的平均水平，包括基本支出和项目支出。对于民办高职院校来说，生均拨款实际上只是一种补贴，数量有限。②

这一部分选取了五个省份 2015 年民办高职院校的专科生均财政拨款水

---

① 不能准时毕业的学生数：本次报告中不能准时毕业的学生数是指当年毕业人数与三年前招生人数的差值。其中，三年前招生人数是毕业年在校生人数。不能准时毕业的学生比例 =（三年前招生人数 – 当年毕业人数）/三年前招生人数
② 邵鸿：《尽快出台民办高校生均拨款政策》，http://epaper.rmzxb.com.cn/detail.aspx?id = 355985，2015 年 2 月 11 日。

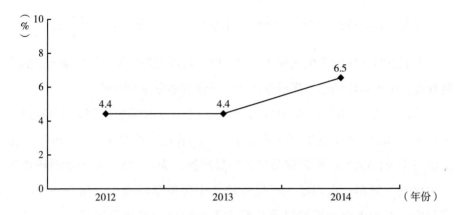

图7　2012~2014 年全国民办高校专科不能准时毕业的学生比例

招生数资料来源：中华人民共和国国家统计局：《民办高校专科招生数》，（2015）［2016－07－20］，http：//data. stats. gov. cn/easyquery. htm? cn = C01&zb = A0M0C&sj = 2014。

毕业生数资料来源：中华人民共和国国家统计局：《民办高校专科毕业生数》，（2015）［2016－07－20］，http：//data. stats. gov. cn/easyquery. htm? cn = C01&zb = A0M0C&sj = 2014。

平作为案例进行区域分析。具体选取了泛长江三角洲区域经济体的上海市、西南区域经济体的重庆市和四川省、泛珠江三角洲区域经济体的海南省以及陕甘宁青区域经济体的陕西省作为区域代表进行分析。通过数据可以看到，上海市的生均财政拨款额最多，达到4058 元，其次为重庆市（2066 元）、海南省（1849 元）与陕西省（1604 元），生均拨款金额最低的为四川省，为 984 元。生均财政拨款水平与地区经济发展水平有较大的关系，2014 年上海市人均地区总产值为 97370 元，同年四川省人均地区总产值为 35128元。经济上的差异对财政补贴数量产生的影响较大，相应地也会影响生均拨款的数额。

近年来，在《教育部关于鼓励和引导民间资金进入教育领域促进民办教育健康发展的实施意见》等文件的推动下，部分省份开始在民办高职教育上进行财政倾斜。例如，重庆市 2012 年推出《重庆市财政局关于民办高等职业院校生均公用经费财政补助标准的通知》，提出为审核达标的民办高职院校提供 1400 到 2000 元不等的生均财政拨款。上海市推出针对民办教育的专项扶持资金，对非营利性民办高校与特色民办高校进行财政扶持。广东省 2016 年提供了 6550 万元民办教育专项资金，其中有 1500 万元用于省属民办高职院校的学科建设与师资建设。

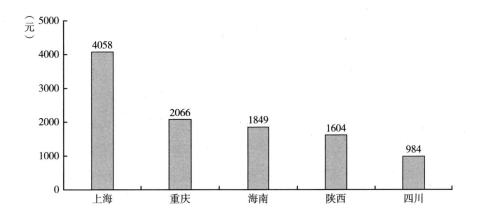

图 8　2015 年全国民办高校专科生均财政拨款水平

资料来源：《高等职业教育质量年度报告》，（2016）［2016 - 07 - 15］，http：//www. tech. net. cn/web/rcpy/index. aspx。

总体来说，从民办高职学校数量来看，2011～2015 年虽呈现波动趋势，但基本持平；而民办高职院校占全国高职院校的比例近五年虽略有下降，但是占比仍超过 20%。

从民办高校专科学生规模来看，2011～2014 年在校生数量总体呈上升趋势，其占全国高校专科在校生数的比例四年来保持稳定；招生数量呈加速增长趋势，招生规模不断扩大；毕业生数量四年来略有下降，下降趋势平稳；专科学生不能准时毕业的比例 2012～2014 年呈现上升趋势，2014 年上升幅度明显加大。

从生均财政拨款看，各省份民办高职专科生的财政拨款额存在差异，上海市民办高职生均财政拨款额高出四川省约 3000 元，这与当地经济水平有一定的相关性。

二 民办高职教育的结构性分布

（一）民办高职学校数量地区分布差异明显

从 2015 年全国 306 所民办高职学校地区分布来看，泛长江三角洲区域经济体的民办高职学校数量最多，为 71 所，占全国民办高职总数的 23.2%，其次为泛珠江三角洲区域经济体，共有 63 所民办高职学校，占全国民办高职学校总数的 20.6%。

西南区域经济体与泛渤海湾区域经济体均有 48 所民办高职学校，分别占高职学校数量的 15.7%，另有中原区域经济体与东北区域经济体，分别有 41 所与 20 所民办高职学校，占全国高职学校总数的 13.4% 与 6.5%。民办高职学校数量最少的区域为陕甘宁青区域经济体和西部生态经济体，分别为 11 所与 4 所。

从学校的区域分布情况来看，民办高职学校数量东部南部多、西北部少。这种分布特点与地区经济发展水平的差异大体上是一致的，如泛长江三角洲区域经济体、泛珠江三角洲区域经济体、中原区域经济体、东北区域经济体、陕甘宁青区域经济体和西部生态经济区这六大区域经济体的学校数量与区域 GDP 的走势是保持一致的。由于东部与南部经济较为发达的地区相对而言人口较多，并且对高职类毕业生的需求量更大，因此相对于西北部地区而言，经济较为发达地区的高职学生有更广阔的就业空间与更多的就业机会。

西南区域经济体及泛渤海湾区域经济体的民办高职数量差异可能受到除经济发展水平以外的因素影响较大，如：政府政策支持、举办者有办学热情等。四川、重庆、云南的当地民办高校数量较多，平均每省份均超过 10 所，在一定程度上拉高了整个西南区域经济体的整体水平。泛渤海湾区域经济体中天津市民办高职数量为 0，且北京、内蒙古、山西的高职学校皆以公办为主，民办高职比例分别为 32.0%、22.2% 和 10.4%，在一定程度上拉低了整个泛渤海区域经济体的民办高职数量。

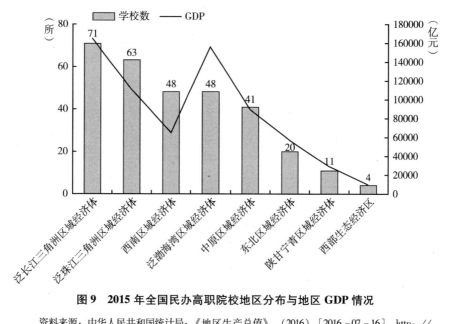

图9　2015 年全国民办高职院校地区分布与地区 GDP 情况

资料来源：中华人民共和国统计局：《地区生产总值》，（2016）［2016 – 07 – 16］，http：// data. stats. gov. cn/search. htm？ s = gdp。

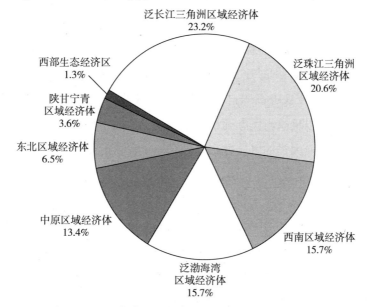

图 10　2015 年全国民办高职院校地区分布比例情况

资料来源：中华人民共和国教育部：《2015 年全国高等学校名字》，（2016）［2016 – 07 – 16］，http：// www. moe. edu. cn/srcsite/A03/moe_634/201505/t20150521_189479. html。

（二）民办高职的专业分布

1. 民办高职专业分布总体情况

全国民办高职专业大类分布情况的数据显示，7142 个民办高职开设的专业中属于财经大类的专业数量最多，占比达 20.4%；其次为制造大类专业，占比 12.6%。共有包括生化与药品大类专业、资源开发与测绘大类专业在内的 7 个大类占比少于或等于 1%，其中占比最少的为环保、气象与安全大类专业以及水利大类专业，两类占比分别为 0.2%、0.1%。所有专业中目录外专业①共有 536 个，占总数的 7.5%。

通过与公办高职专业分布情况进行对比可以得知，公办与民办高职专业大类分布趋势基本一致，民办高职中较为热门的专业大类如财经大类、制造大类、土建大类等也位于公办高职专业大类数量前列，其中民办高职财经大类专业占所有专业数量的约五分之一，比例高于公办高职财经大类所占比例 6.2 个百分点；而在占比较少的资源开发与测绘大类、生化与药品大类以及农林牧渔大类等专业大类中，民办高职数量比例略低于公办高职，说明与公办高职专业分布较平均的现状相比，民办高职的专业发展更有侧重。民办高职中目录外专业数量占比为 7.5%，低于公办高职目录外专业占比（9.8%），可能是受民办高职自身办学条件、专业开设标准的限制，同时在一定程度上也可以反映出民办高校自主开设专业的主动性低于公办高校。

民办高职专业大类的区域分布差异在一定程度上受政策及地区产业发展的影响。《现代职业教育体系建设规划（2014～2020 年）》指出，高等职业教育要与地方经济发展需求相结合，提升对地方经济的贡献度，培养适应经济发展需求的劳动人才。因此，高职院校的专业设置一方面受到现有产业的需求影响，另一方面受到产业结构调整方向的引导。

全国第三次经济普查数据显示，制造业与建筑业是法人单位从业人员中的前两位行业，截至 2013 年底，我国制造业从业人员有 12515.1 万人，建

---

① 目录外专业：指不包含在高职 19 个专业大类中的其他专业。

筑业有 5320.6 万人。制造业与建筑业作为我国经济发展的支柱产业，对于相关人才具有持续而稳定的需求。故而，各地区高职院校普遍设立了土建大类与制造大类的相关专业。

从政策支持上来说，国家"十三五"规划指出，在经济发展中，要促进工业化和信息化融合发展水平进一步提高，加快先进制造业和战略性新兴产业的发展。新兴产业的发展对于电子信息大类专业的需求也在增强。此外，"十三五"规划提出要加快发展现代文化产业，推进文化产业业态创新，大力发展创意文化产业[①]。虽然信息产业与文化产业从业人员规模相对较小，但是其从业人员数量增长较快。信息产业的从业人员从 2008 年末的 320.7 万增长到 2013 年末的 551.7 万，文化产业从业人员从 2008 年末的 194.1 万增长到 2013 年末的 309 万[②]，5 年内分别上涨了 72.03% 与 59.2%，因而民办高职对于此类专业的开设比例较大也是可以理解的。

此外，鉴于民办高职院校办学经费相对匮乏，其专业设置容易受到学校财政情况的限制，因而成本较低且招生相对热门的财经类、文化传媒类与旅游类专业相对更容易被开设，这可能也是民办高职院校中这些专业的开设比例相对较高的原因之一。

2. 各区域经济体民办高职专业大类分布情况

各区域经济体专业大类分布具有一定的差异性，不同专业大类在不同区域经济体所占的比例有所不同。但总体来说，除西部生态经济区、陕甘宁青区域经济体、中原区域经济体之外，财经大类、制造大类、土建大类、电子信息大类、艺术设计传媒大类为其他各区域经济体中占比排名前五的专业大类。

（1）东北区域经济体民办高职专业大类分布情况

东北区域经济体中民办高职共开设 394 个专业，覆盖 15 个专业大类。

---

① 《中华人民共和国国民经济和社会发展第十三个五年规划纲要》，http：//www.gov.cn/xinwen/2016 - 03/17/content_ 5054992. htm，2016 年 3 月 17 日。

② 《中华人民共和国国家统计局第二次全国经济普查主要数据公报》，《中华人民共和国国家统计局第三次全国经济普查主要数据公报》。

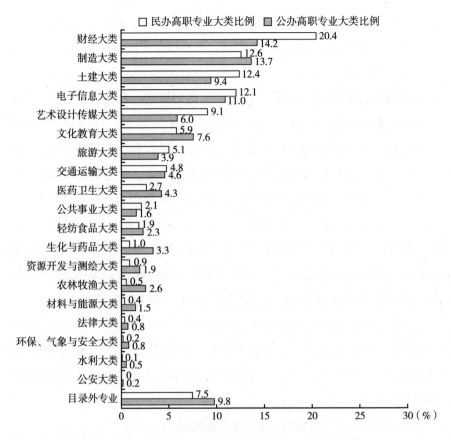

图11 2015年全国民办高职及公办高职专业大类分布情况

资料来源：《高等职业教育专业设置备案结果》，（2016）［2016 - 08 - 01］，http：// www. zjchina. org/mspMajorIndexAction. fo? &startcount = 50700。

其专业大类分布情况显示，制造大类专业共有 71 个，占民办高职学校开设专业比例最大，为 18.0%，财经大类与艺术设计传媒大类占比较多，分别为 14.0% 与 11.4%，土建大类紧随其后，为 11.2%；占比最少的专业大类为材料与能源大类和环保、气象与安全大类，比例均为 0.3%。另有目录外专业 38 个，占比 9.6%。

（2）泛渤海湾区域经济体民办高职专业大类分布情况

泛渤海湾区域经济体民办高职专业共 1156 个，覆盖 17 个专业大类。其中占比最大的专业大类为财经大类，共 229 个专业，占比 19.8%；电子

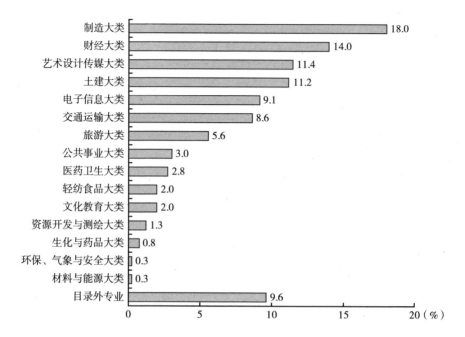

图12　2015年东北区域经济体民办高职专业大类分布情况

资料来源：《高等职业教育专业设置备案结果》，（2016）［2016 - 08 - 01］，http：//
www. zjchina. org/mspMajorIndexAction. fo？ &startcount = 50700。

信息大类与制造大类位居其次，占比分别为11.9%与11.7%。法律大类与环保、气象与安全大类专业占比低于0.5%，分别为0.4%、0.2%。目录外专业共79个，占比6.8%。

（3）陕甘宁青区域经济体民办高职专业大类分布情况

陕甘宁青区域经济体共有217个专业，共覆盖14个专业大类。其中财经大类占比最大，为23.5%，其次为电子信息大类，占比18.4%。法律大类、农林牧渔大类、资源开发与测绘大类占比较小，均为0.5%。目录外专业占比2.8%。

（4）中原区域经济体民办高职专业大类分布情况

中原区域经济体共有民办高职专业911个，共覆盖16个专业大类。其中目录外专业74个，占比8.1%。财经大类占比最大，为18.9%；制造大类位居其次，占比14.2%。材料与能源大类、农林牧渔大类与法律大类占

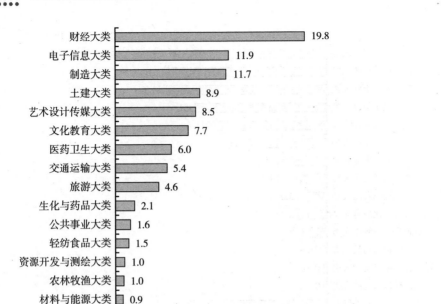

图 13　2015 年泛渤海湾区域经济体民办高职专业大类分布情况

资料来源：《高等职业教育专业设置备案结果》，（2016）［2016 - 08 - 01］，http：//www.zjchina.org/mspMajorIndexAction.fo?　&startcount = 50700。

比较小，低于 1%，分别为 0.8%、0.7% 与 0.2%。

（5）泛长江三角洲区域经济体民办高职专业大类分布情况

泛长江三角洲区域经济体共有 1628 个专业，共覆盖 17 个专业大类。其中财经大类占比最大，为 22.5%，共 366 个专业。其次为制造大类，占比13.8%。有 7 个专业的数量占比低于 1%，其中占比最低的为"环保、气象与安全大类"、生化与药品大类以及材料与能源大类，分别为 0.2%、0.2%与 0.1%。目录外专业共有 126 个，占比 7.7%。

（6）泛珠江三角洲区域经济体民办高职专业大类分布情况

泛珠江三角洲经济体共有民办高职专业 1648 个，覆盖 17 个专业大类，其中目录外专业共有 107 个，占比 6.5%。数量最多的专业大类为财经大

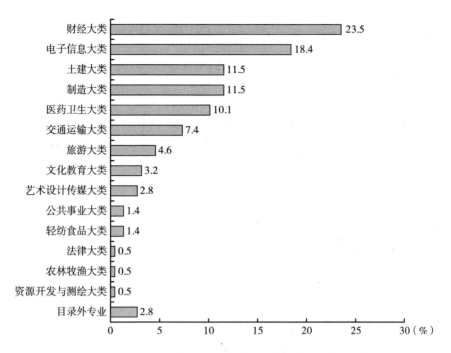

图 14　2015 年陕甘宁青区域经济体民办高职专业大类分布情况

资料来源:《高等职业教育专业设置备案结果》,(2016) [2016-08-01], http://www. zjchina. org/mspMajorIndexAction. fo? &startcount = 50700。

类,共有 382 个专业,占比 23.2%;其次为土建大类与电子信息大类,占比分别为 13.3% 与 12.2%,环保、气象与安全大类及材料能源大类数量最少,均占 0.2%。

(7) 西南区域经济体民办高职专业大类分布情况

西南区域经济体共有民办高职专业 1128 个,覆盖全部 18 个专业大类,目录外专业有 101 个,占比 9%。土建大类专业数量最多,为 196 个,占比 17.4%,其次为财经大类,占比 16.8%,包括材料与能源大类和水利大类在内的 5 个专业占比小于 1%,其中占比最小的为环保、气象与安全大类,为 0.3%。

(8) 西部生态经济区民办高职专业大类分布情况

西部生态经济区共有 60 个专业,共覆盖 14 个专业大类。其中占比不少于 10% 的有三个专业大类,分别是财经大类 (23.3%)、电子信息大类

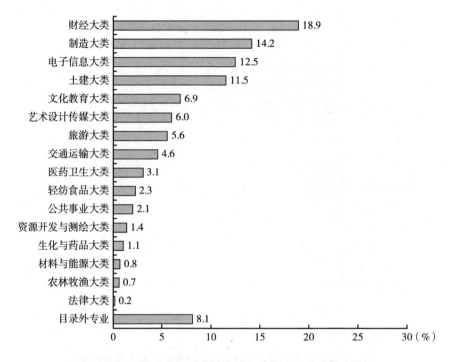

图15　2015年中原区域经济体民办高职专业大类分布情况

资料来源：《高等职业教育专业设置备案结果》，[2016-08-01]，http：//www.zjchina.org/
mspMajorIndexAction.fo?&startcount=50700。

（11.7%）和医药卫生大类（10.0%）。占比最低的专业大类为法律大类、
公共事业大类和轻纺食品大类，比例均为1.7%。另有8.3%的专业为目录
外专业，共5个。

3.多数省份民办高职学生以省内生源为主

通过对中国民办高职学校2015年学生报到情况的分省分析，本报告选
取了中原区域经济体中的湖南省和湖北省、泛珠江三角洲区域经济体中的广
东省、西部生态经济区的新疆维吾尔自治区以及泛渤海湾区域经济体中北京
市和内蒙古自治区进行展示，共6个省、自治区、直辖市。其中，除了北京
市之外，其他各省份皆以省内生源为主。

民办高职院校以省内生源为主的现状与国家的政策趋势具有一致性。
2014年，国务院颁布《国务院关于加快发展现代职业教育的决定》，提出要

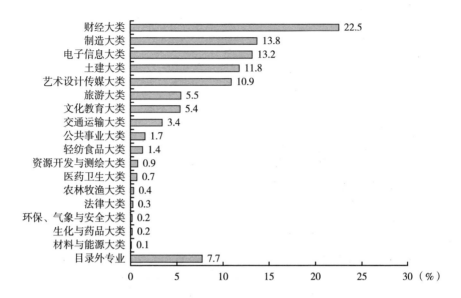

图16 2015年泛长江三角洲区域经济体民办高职专业大类分布情况

资料来源：《高等职业教育专业设置备案结果》，（2016）［2016 – 08 – 01］，http：//www. zjchina. org/mspMajorIndexAction. fo？ &startcount = 50700。

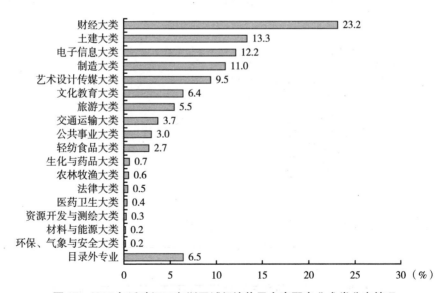

图17 2015年泛珠江三角洲区域经济体民办高职专业大类分布情况

资料来源：《高等职业教育专业设置备案结果》，（2016）［2016 – 08 – 01］，http：//www. zjchina. org/mspMajorIndexAction. fo？ &startcount = 50700。

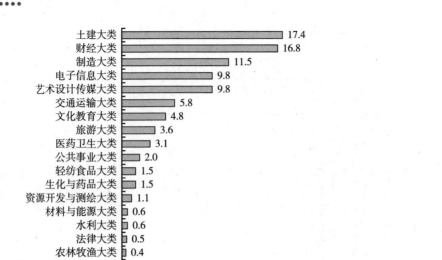

图18 2015年西南区域经济体民办高职专业大类分布情况

资料来源：《高等职业教育专业设置备案结果》，（2016）[2016-08-01]，http：//www. zjchina. org/mspMajorIndexAction. fo？&startcount=50700。

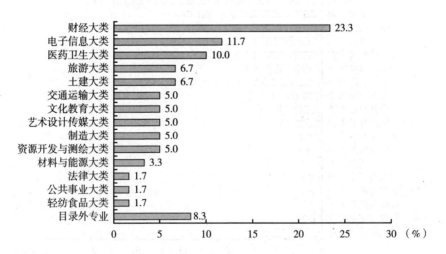

图19 2015年西部生态经济区民办高职专业大类分布情况

资料来源：《高等职业教育专业设置备案结果》，（2016）[2016-08-01]，http：// www. zjchina. org/mspMajorIndexAction. fo？&startcount=50700。

"健全'文化素质 + 职业技能'、单独招生、综合评价招生和技能拔尖人才免试等考试招生办法"。这一系列的招生方法都主要面向省区市内进行，使得各省份招生工作中存在对省份内生源的倾斜。同时，为了增强地方院校服务本地生源的能力，部分省份提出要加强地方院校在招生中对本地生源的倾斜。比如福建省在 2016 年提出，"区域性职业院校重点办好与区域产业对接的专业，要提高招收本地生源的比例，增强服务区域产业发展能力"。①

在中原区域经济体中，湖南省和湖北省的省内生源报到比例均高于省外生源报到比例。湖南省的省内生源比例为 89.1%、省外生源比例为 10.9%；湖北省的省内生源比例为 91.3%、省外生源比例为 8.7%。

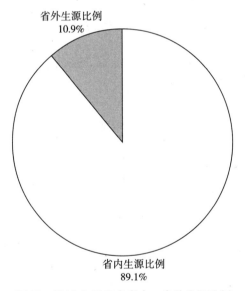

省外生源比例
10.9%

省内生源比例
89.1%

图 20 2015 年湖南省省内、省外生源比例

资料来源：《高等职业教育质量年度报告》，(2016)〔2016 - 07 - 15〕，http：//
www. tech. net. cn/web/rcpy/index. aspx。

在泛珠江三角洲区域经济体中，广东省最主要的生源地是省内，99.0% 为省内生源，仅有 1% 的来自外省。

---

① 黄红武：《福建职业教育闯新路谋新篇——深化供给侧改革，打造福建版"二元制"职业教育》，《中国教育报》2016 年 5 月 9 日。

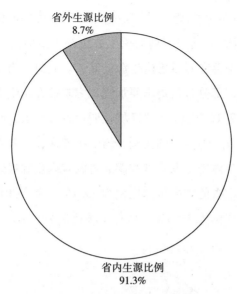

图 21 2015 年湖北省省内、省外生源比例

资料来源：《高等职业教育质量年度报告》，(2016)［2016－07－15］，http：//
www. tech. net. cn/web/rcpy/index. aspx。

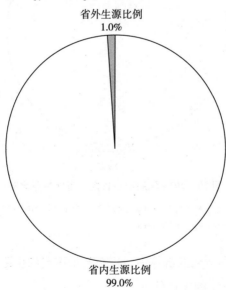

图 22 2015 年广东省省内、省外生源比例

资料来源：《高等职业教育质量年度报告》，(2016)［2016－07－15］，http：//
www. tech. net. cn/web/rcpy/index. aspx。

在西部生态经济区中，新疆维吾尔自治区省内生源占绝大多数，为96.7%，而省外生源比例则为3.3%。

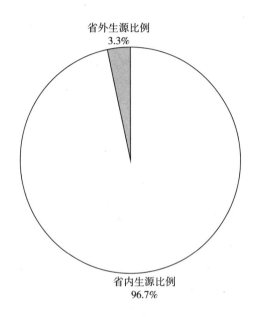

图23 2015年新疆维吾尔自治区省内、省外生源比例

资料来源：《高等职业教育质量年度报告》，(2016) [2016 – 07 – 15]，http：//www. tech. net. cn/web/rcpy/index. aspx。

在泛渤海湾区域经济体中，北京市民办高职院校的市内生源比例为44.3%，市外生源比例为55.7%，市内生源比例低于市外生源比例，市外为主要学生来源地。

内蒙古自治区的区内生源报到比例为87.8%，区外生源报到比例为12.2%，区内生源报到比例接近九成。

从六个省、自治区、直辖市的生源分布来看，省内生源比例最高的是广东省，为99.0%，其次两个省/区内生源比例超过九成的是新疆维吾尔自治区和湖北省，分别为96.7%和91.3%。湖南省和内蒙古自治区的省/区内生源比例均超过八成，分别为89.1%和87.8%。在六个省份中，北京市的市内生源报到比例最低，并且是唯一一个低于市外生源报到比

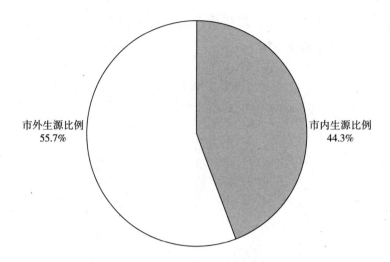

图 24 2015 年北京市市内、市外生源比例

资料来源：《高等职业教育质量年度报告》，(2016)〔2016 - 07 - 15〕，http：//www. tech. net. cn/ web/rcpy/index. aspx。

例的省份。

总体来说，从地区分布上看，中国民办高职学校在不同区域经济体①的数量差异较大。泛长江三角洲区域经济体、泛珠江三角洲区域经济体的民办高职学校较多，两个区域的民办高职学校接近学校总数的一半。陕甘宁青区域经济体和西部生态经济区的民办高职学校数量较少，仅占总数的 5% 左右。

从生源分布上来看，在选取的 6 个分析案例中，大部分省份的省内生源报到比例大幅度高于省外生源报到比例，学生以省内生源为主，仅有北京市的市外生源报到比例高于市内。

从学校开设的专业大类的分布上看，财经大类、制造大类、土建大类、电子信息大类、艺术设计传媒大类这五大专业大类是除西部生态经济区、陕

---

① 本研究把中国内地 31 个省、自治区和直辖市分为八个经济体系区域。具体划分如下，a. 东北区域经济体：包括黑龙江、吉林、辽宁；b. 泛渤海湾区域经济体：包括北京、天津、山东、河北、内蒙古、山西；c. 陕甘宁青区域经济体：包括陕西、甘肃、宁夏、青海；d. 中原区域经济体：包括河南、湖北、湖南；e. 泛长江三角洲区域经济体：包括上海、江苏、浙江、江西、安徽；f. 泛珠江三角洲区域经济体：包括广东、广西、福建、海南；g. 西南区域经济体：包括重庆、四川、贵州、云南；h. 西部生态经济区：包括西藏、新疆。

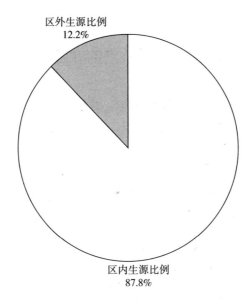

图 25　2015 年内蒙古自治区区内、区外生源比例

资料来源:《高等职业教育质量年度报告》,（2016）[2016 – 07 – 15],
http：//www. tech. net. cn/web/rcpy/index. aspx。

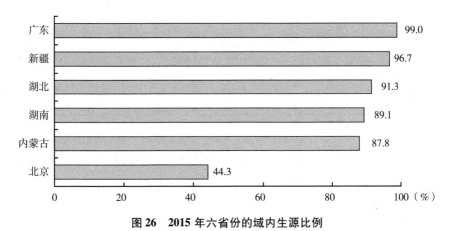

图 26　2015 年六省份的域内生源比例

资料来源:《高等职业教育质量年度报告》,（2016）[2016 – 07 – 15],http：//www.
tech. net. cn/web/rcpy/index. aspx。

甘宁青区域经济体及中原区域经济体之外的其他各区域经济体中占比排名前
五的专业大类。具体的专业大类分布在不同的区域经济体有所变化。

三 民办高职教育的教师构成

（一）民办高职院校专任教师数呈增长趋势

专任教师指具有教师资格、专门从事教学工作的人员，是反映高职院校师资力量水平的重要指标。

图 27 是 2013～2015 年民办高职院校平均每校专任教师数变化趋势图，可以看出近年来平均每所民办高职学校的专任教师数呈现波折上升趋势。由 2013 年的 223 人上升到 2015 年的 234 人，增加了 11 人。专任教师数的增长也是对高职院校的师资力量水平逐步提升的反映。

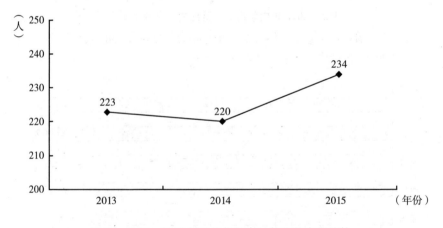

图 27　2013～2015 年平均每校专任教师数变化趋势

资料来源：《高等职业教育质量年度报告》，（2016）［2016－07－15］，http：//www.tech. net. cn/web/rcpy/index. aspx。

（二）民办高职院校生师比呈下降趋势

生师比等于折合在校生数与教师总数的比值，是对民办高职院校教育结构的反映。作为用来衡量民办高职院校办学水平是否合格的重要指标，生师比在一定程度上体现了民办高职院校的办学规模以及人力资源的利用效率，也从侧面反映了高职院校的办学质量。而学校的生师比应当控制在一个合理的范围内，过高和过低都不利于高校教育教学质量的提升。

图28是2013～2015年民办高校生师比的变化趋势图，可以看出2013～2014年生师比呈下降趋势，之后保持稳定，师生结构日趋优良，每位专任教师的教学任务逐渐减轻，有更多的时间放到提升教学质量和做好科研工作上。

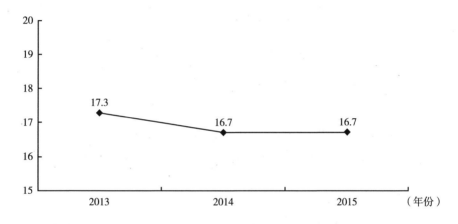

图28　2013～2015年民办高校生师比

资料来源：《高等职业教育质量年度报告》，（2016）［2016 – 07 – 15］，http：//www. tech. net. cn/web/rcpy/index. aspx。

图29是2013～2015年生师比的区间分布图。可以看出，生师比小于等于5∶1的学校比例2013年（2.3%）、2014年（2.0%）、2015年（1.8%）逐年下降，可以推测越来越多的学校能够保障在校生数，减少生存危机。生师比在5∶1和20∶1之间的学校比例2013年（88.3%）、2014年（92.4%）、2015年（95.1%）逐年呈现上升趋势，民办高职院校教育结构日趋合理。生师比大于或等于20∶1的学校比例2013年（9.4%）、2014年（5.6%）、2015年（3.1%）同样呈现逐年下降趋势，专任教师的教学任务逐步减少，这也为专任教师的进一步发展提供了条件。

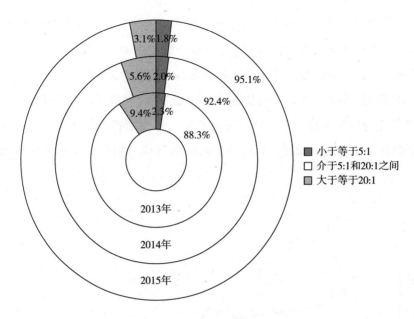

图 29 2013～2015 年生师比的区间分布

资料来源:《高等职业教育质量年度报告》,(2016) [2016－07－15], http://www. tech. net. cn/web/rcpy/index. aspx。

(三)民办高职院校中双师型素质教师队伍规模基本保持稳定

双师型素质专任教师是指具备理论教学素质和实践教学素质的专任教师,作为高职教育教师队伍建设的特色和重点,大力加强"双师型"教师队伍建设,已经成为社会和教育界的共同呼声。双师型素质专任教师比例等于双师型素质专任教师人数与专任教师数的比值,是衡量高职院校中双师型素质教师具备情况的重要指标。

图 30 是 2013～2015 年民办高职院校中双师型素质教师比例变化趋势图。可以看出 2013 年(47.0%)、2014 年(45.4%)、2015 年(46.4%)双师型素质教师比例基本持平,高职院校中双师型素质教师队伍规模基本保持稳定状态。具体来说,2014 年双师型素质教师比例为 45.4%,比 2013 年(47.0%)低 1.6 个百分点,2015 年双师型素质型教师比例为 46.4%,比 2014 年(45.4%)高 1 个百分点。

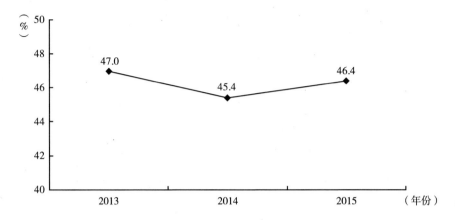

图 30　2013～2015 年双师型素质教师比例

资料来源:《高等职业教育质量年度报告》, (2016) [2016 - 07 - 15], http://www. tech. net. cn/web/rcpy/index. aspx。

　　图 31 是 2013 - 2015 年双师型素质型教师比例达到 70% 以上优秀标准的学校比例图, 可以看出 2013 年 (13.7%)、2014 年 (10.5%)、2015 年 (11.8%) 达到双师型素质教师比例 70% 以上优秀标准的学校所占比例略有波动, 从 2013 年到 2014 年有所下降, 2014 年到 2015 年有所回升。

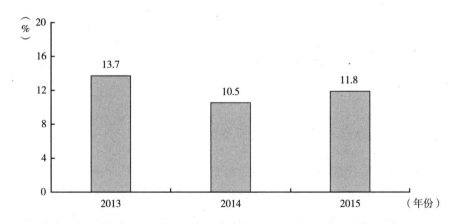

图 31　2013～2015 年双师型素质教师比例达到优秀的学校占比分布

资料来源:《高等职业教育质量年度报告》, (2016) [2016 - 07 - 15], http://www. tech. net. cn/web/rcpy/index. aspx。

（四）民办高职院校专任教师的职称以中级职称为主

高职院校教师职称评聘对于专任教师工作积极性、主动性和创造性的发挥至关重要，是高等学校师资队伍建设的重要环节。

图32是2015年专任教师职称的分布图，可以看出专任教师的职称以中级职称为主（36.4%），高级职称教师也达到了24.9%；初级职称（22.8%）以及初级以下职称（15.9%）专任教师比例明显低于中级职称教师比例，基本适应学校对专任教师职称评定的目的以及学校的发展目标。

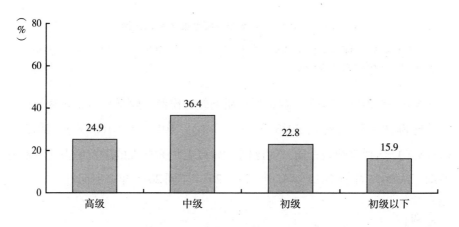

图32　2015年专任教师职称结构分布

资料来源：《高等职业教育质量年度报告》，（2016）［2016 – 07 – 15］，http：//www. tech. net. cn/web/rcpy/index. aspx。

（五）民办高职院校专任教师多为本科学历

高职院校专任教师的学历结构是衡量师资质量的重要指标。

图33是2015年专任教师学历结构的分布图，可以看出专任教师多为本科学历（57.6%），硕士学历（36.3%）专任教师所占比例低于本科学历专任教师，但仍占有较大比例。只有极少数的专任教师具有博士学历（2.9%）或者本科以下学历（3.2%）。

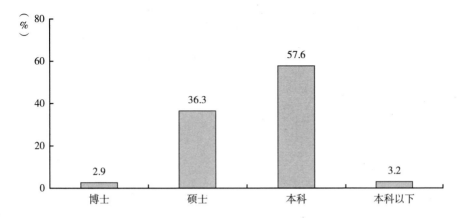

图33　2015 年专任教师学历结构

资料来源：《高等职业教育质量年度报告》，（2016）［2016 – 07 – 15］，http：//www. tech. net. cn/web/rcpy/index. aspx。

（六）超过半数民办高职院校的专任教师人均企业实践时间达标

高职院校专任教师到企业顶岗实践是职业学校教师继续教育的重要形式，是提高教师专业技能水平和实践教学能力的有效途径。专任教师人均企业实践时间是指每年度学校专任专业教师人均参加企业实践的时间，等于校内专任教师行业企业一线工作时间总数与专任教师数的比值，2015 年专任教师人均企业实践时间为 21. 1 天/人。

图 34 是为 2015 年专任教师人均企业实践时间达标的学校所占比例分布图，可以看出，超过半数学校（54. 0%）的专任教师人均企业实践时间达到 30 天以上的要求，但仍有将近一半（46. 0%）学校的专任教师人均企业实践时间低于 30 天，未达到 30 天的标准要求。

在各大区域经济体①中，专任教师人均企业实践时间存在着一定差异。其中，专任教师人均企业实践时间最多的是泛渤海湾区域经济体，实践时间

---

① 这里的经济区域体指泛渤海湾区域经济体、陕甘宁青区域经济体、西南区域经济体、泛长江三角洲区域经济体、中原区域经济体、西部生态经济区、泛珠江三角洲区域经济体七大区域经济体，东北区域经济体由于样本不足，没有包含在内。

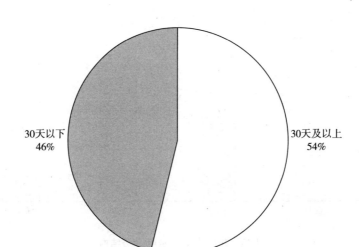

图34 2015年专任教师人均企业实践时间达标学校比例分布

资料来源：《高等职业教育质量年度报告》，（2016）［2016 – 07 – 15］，http：//www. tech. net. cn/web/rcpy/index. aspx。

达到33.0天/人。而专任教师人均企业实践时间最少的是泛珠江三角洲区域经济体，实践时间为15.2天/人，两者差值为17.8天/人。

有三大区域经济体的专任教师人均企业实践时间高于全国的平均实践时间，分别是：泛渤海湾区域经济体、陕甘宁青区域经济体、西南区域经济体。在这三大区域经济体中，北京、河北、西安、云南、四川这些省级行政区的专任教师企业实践时间总量较大，在整体上拉高了所在区域经济体的专任教师人均企业实践时间。而泛长江三角洲区域经济体、中原区域经济体、西部生态经济区及泛珠江三角洲区域经济体则低于全国的平均水平。

（七）民办高职院校专任教师的省级培训总量为405.8人日

高职院校专任教师省级培训能够加强校际合作和交流，强化教师的发展意识，提升其学习的主动性和积极性，是提升教师综合素质、解决高职院校发展过程中遇到的困难和挑战、保障办学综合效益的重要途径。

图36为2015年民办高职院校校均专任教师的省级培训量图，可以看到

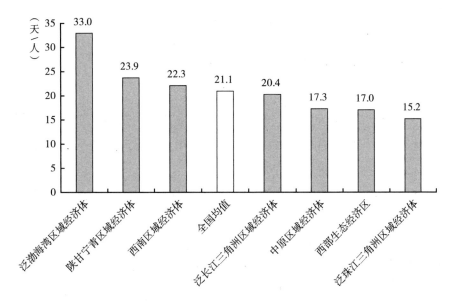

图35 2015年各区域经济体的民办高职院校专任教师人均企业实践时间

资料来源:《高等职业教育质量年度报告》,(2016)〔2016 – 07 – 15〕,http://www. tech. net. cn/web/rcpy/index. aspx。

2015年高职院校专任教师的校均省级培训量为405.8人日,人均省级培训量1.9日/人。

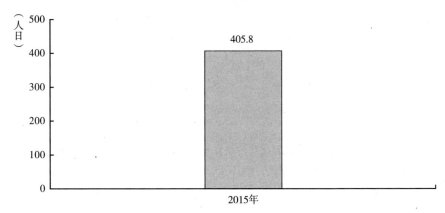

图36 2015年校均专任教师省级培训量

资料来源:《高等职业教育质量年度报告》,(2016)〔2016 – 07 – 15〕,http://www. tech. net. cn/web/rcpy/index. aspx。

从区域经济体来①看，不同区域经济体的教师省级培训情况存在较大差异。民办高职院校省级培训量最多的是泛长江三角洲区域经济体（818.3 人日），高出省级培训量最少的陕甘宁青区域经济体（61.2 人日）757.1 人日。

在五大区域经济体中，泛长江三角洲区域经济体的专任教师省级培训量（818.3 人日）高于全国均值（347.4 人日），差值为 470.9 人日。而其他四个区域经济体（泛珠江三角洲区域经济体、中原区域经济体、泛渤海湾区域经济体及陕甘宁青区域经济体）均低于全国平均水平。可以看出，教师省级培训量在地域上分布不均，泛长江三角洲区域经济体的省级培训量明显高于其他区域经济体，其中，上海市、浙江省、江苏省的专任教师省级培训总量大，对提升整个区域经济体的平均省级培训量起到重要的推动作用。

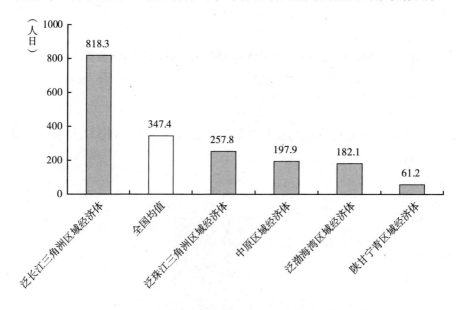

图37　2015 年各区域经济体的民办高职院校专任教师省级培训量

资料来源：《高等职业教育质量年度报告》，（2016）［2016 - 07 - 15］，http：//www. tech. net. cn/web/rcpy/index. aspx。

---

① 这里的区域经济体指泛长江三角洲区域经济体、泛珠江三角洲区域经济体、中原区域经济体、泛渤海湾区域经济体、陕甘宁青区域经济体五大区域经济体，东北区域经济体、西南区域经济体、西部生态经济区由于样本不足，没有包含在内。

总体来说，从专任教师数量上看，近三年民办高职院校的专任教师数变化不大，总体呈增长趋势。

从专任教师的结构上看，2013～2015 年，生师比呈下降趋势，生均教师资源有所提升；双师型素质教师队伍规模基本保持稳定，双师素质教师比例三年来基本持平；专任教师职称结构以中级职称为主，学历结构则以本科学历为主。

从专任教师的实践和培训上看，2015 年，超过半数民办高职院校的专任教师人均企业实践时间达到 30 天以上的标准；全国民办高职教师的平均省级培训量为 405.8 人日，平均每位教师的省级培训量为 1.9 日。

四　民办高职毕业生的就业状况

（一）广东省民办高职院校毕业生双证书获得比例接近9成

双证书是指学历文凭和职业资格证书，是高职院校毕业生合格毕业的保障。双证书中的职业资格证书是毕业生参加培训、扎扎实实地学习和掌握实际工作技能的凭证，能够为毕业生上岗就业和今后的发展奠定基础。

图 38 为 2015 年广东省民办高职院校取得双证书的毕业生所占比例图，可以看出 2015 年有 86.5% 的广东省民办高职院校毕业生取得了双证书，毕业生双证书获得比例接近 9 成。

（二）民办高职院校毕业生的就业率呈平稳态势，泛长江三角洲区域经济体的就业率最高

民办高职院校的就业率等于已就业民办高职院校毕业生数与需就业的民办高职院校总毕业生数的比值。

图 39 是 2013～2015 年民办高职院校毕业生就业率变化趋势图。可以看出，民办高职院校毕业生的就业率呈现平稳态势。2014 年民办高职院校毕

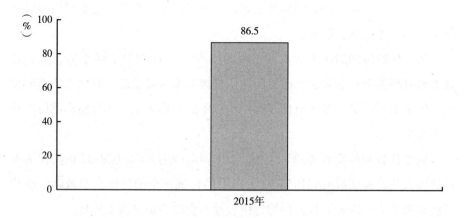

图38　2015年广东省民办高职毕业生获得双证书比例

资料来源：《高等职业教育质量年度报告》，（2016）［2016－07－15］，http：//www. tech. net. cn/web/rcpy/index. aspx。

业生的就业率（95.0%）低于2013年（95.3%）的就业率0.3个百分点；2015年毕业生的就业率（95.3%）有所回升，与2013年（95.3%）持平。

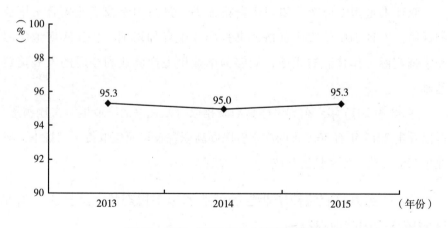

图39　2013～2015年就业率变化趋势

资料来源：《高等职业教育质量年度报告》，（2016）［2016－07－15］，http：//www. tech. net. cn/web/rcpy/index. aspx。

从区域经济体的就业率分布来看，八大区域经济体就业率的差异在8个百分点及之内，整体来说分布较为平均。其中，泛长江三角洲区域经济体的就业率（97.2%）最高，西部生态经济区的就业率（89.2%）最低，相差8个百分点。

高于民办高职院校毕业生全国平均就业率（95.3%）的区域经济体有三个，泛长江三角洲区域（97.2%）、泛珠江三角洲区域经济体（97.1%）、西南区域经济体（96.6%），这与泛长江三角洲、泛珠江三角洲地区的经济发展状态及国家对西南区域的扶持政策趋势是一致的。其他五个区域经济体的就业率则低于全国均值，分别为东北区域经济体（93.3%）、中原区域经济体（93.3%）、泛渤海湾区域经济体（91.7%）、陕甘宁青区域经济体（89.8%）和西部生态经济区（89.2%）。其中，仅有陕甘宁青区域经济体和西部生态经济区这两个经济体的就业率低于90%，其他经济体均高于90%。从整体上看，民办高职院校的就业状况良好，虽然西部、西北部地区的就业情况略有差距，但是就业率的整体区域分布比较平均。

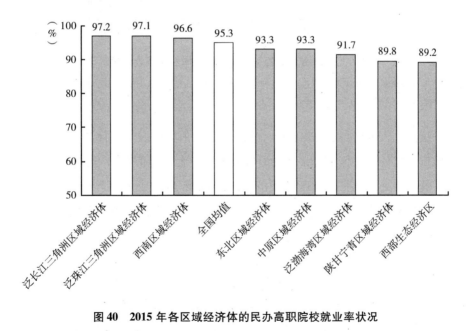

图40　2015年各区域经济体的民办高职院校就业率状况

资料来源：《高等职业教育质量年度报告》，（2016）［2016－07－15］，http：//www.tech.net.cn/web/rcpy/index.aspx。

（三）民办高职院校毕业生月收入低于全国高职院校毕业生

月收入是指奖金、提成、住宿、住房公积金等折算成的现金总和。

图41是2015年民办高职院校毕业生与全国高职院校毕业生月收入对比图，可以看出民办高职院校毕业生月收入（2834元）比全国高职院校毕业生月收入（3409元）低575元。

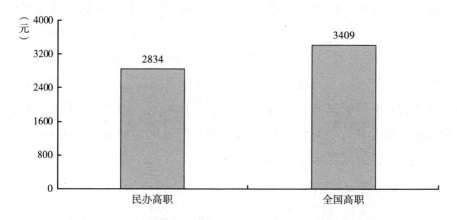

图41　2015年民办高职与全国高职毕业生月收入对比

资料来源：《高等职业教育质量年度报告》，（2016）［2016－07－15］，http：//www. tech. net. cn/web/rcpy/index. aspx。

从月收入的区域分布①上看，除泛长江三角洲区域经济体与其他经济体差异较大之外，各区域经济体的月收入差距不大，差值在57元以内。

其中，泛长江三角洲区域经济体（3074元）是唯一一个月收入高于全国民办高职平均水平（2834元）的经济体，高出全国均值240元。在此区域经济体中，浙江省（3264元）、上海市（3244元）的高月收入在整体上拉高了本地区的平均月收入。

其他四个区域经济体的月收入均低于全国平均水平，月收入由高到

---

① 这里的区域经济体指泛长江三角洲区域经济体、中原区域经济体、泛渤海湾区域经济体、泛珠江三角洲区域经济体、西南区域经济体这五大区域经济体，而东北区域经济体、陕甘宁青区域经济体、西部生态经济区由于样本不足，没有包含在内。

低分别为：中原区域经济体（2780 元）、泛渤海湾区域经济体（2776 元）、泛珠江三角洲区域经济体（2736 元）、西南区域经济体（2723 元），与全国均值的差距为 54～111 元，整体差距不大。各区域经济体的月收入排序在一定程度上符合各区域经济、教育的发展状况。其中，泛珠江三角洲区域经济体的平均月收入受广东省的民办高职毕业生月收入影响较大，由于广东省很多大规模的民办高职毕业生的人均月收入较低，进而从整体上拉低了泛珠江三角洲区域经济体民办高职毕业生的平均月收入。

（四）民办高职院校毕业生半数以上留在当地，且多数到中小微型企业等基层服务

毕业生去向主要分为三类：A 类是毕业生留在当地（民办学校：以学校所在地为"当地"，如有异地校区则分别统计）就业；B 类是毕业生到中小微型企业服务；C 类是毕业生到国家骨干企业就业。

1. 53.9% 的毕业生留在当地就业

图 42 是 2015 年民办高职院校毕业生就业去向中留在当地就业的比例图。可以看出，2015 年民办高职院校有 53.9% 的毕业生留在当地就业，超过半数，对当地社会经济的发展、社会服务的提升做出了重要的贡献。

不同区域经济体①留在当地就业的比例具有一定差异，留在当地就业比例最高的是西南区域经济体（65.2%），高出比例最低的泛珠江三角洲区域经济体（48.1%）17.1 个百分点。西南区域经济体的毕业生留在当地就业比例主要是由四川省成都市该项指标拉动，成都市民办高职毕业生留在当地就业的比例为 83.4%，且毕业生规模较大。这可能与成都市的经济发展水平有关，并且成都市也是 2014 届应届毕业生的第三大就业

---

① 这里的区域经济体指西南区域经济体、泛渤海湾区域经济体、陕甘宁青区域经济体、中原区域经济体、泛长江三角洲区域经济体、泛珠江三角洲区域经济体这六大区域经济体，而东北区域经济体、西部生态经济区由于样本不足，没有包含在内。

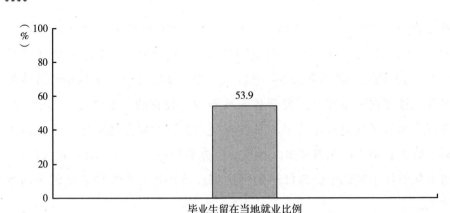

图 42　2015 年毕业生留在当地就业的比例

资料来源：《高等职业教育质量年度报告》，（2016）［2016－07－15］，http：//www. tech. net. cn/web/rcpy/index. aspx。

城市①，对毕业生的吸引力强。而泛珠江三角洲区域经济体由于广州、深圳等大城市吸引大量区域经济体内的毕业生离开学校所在地、前往大城市就业。在该区域经济体内，揭阳市、崇左市、湛江市等地的民办高职在本地就业的比例均低于 10%，大幅度拉低了本区域的毕业生留在当地就业的比例。

在各区域经济体中，留在当地就业的毕业生比例高于全国平均水平的有三个，由高到低依次是西南区域经济体（65.2%）、泛渤海湾区域经济体（62.1%）、陕甘宁青区域经济体（54.4%）。留在当地就业比例低于全国均值的有中原区域经济体（52.2%）、泛长江三角洲区域经济体（51.3%）以及泛珠江三角洲区域经济体（48.1%）。

2.76.2% 的毕业生到中小微企业就业

图 44 是 2015 年民办高职院校毕业生就业去向中到中小微企业就业的比例图。可以看出，2015 年民办高职院校毕业生多数（76.2%）到中小微型企业等基层服务，将近八成，对中小微型企业、民营企业等具有较大的贡献度。

---

① 《应届生十大就业城市排名：成都跻身前三》，（2014－8－11）［2016－8－1］，http：//sc. sina. com. cn/news/economy/2014－08－11/1101240822. html。

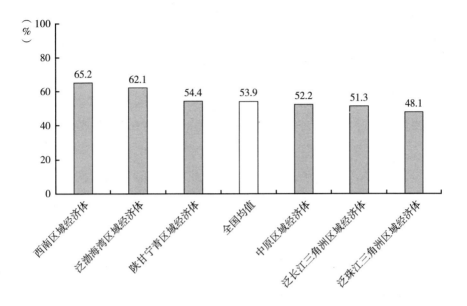

图 43 2015 年各区域经济体的民办高职院校毕业生留在当地就业的比例

资料来源：《高等职业教育质量年度报告》，（2016）［2016 – 07 – 15］，http：//www. tech. net. cn/web/rcpy/index. aspx。

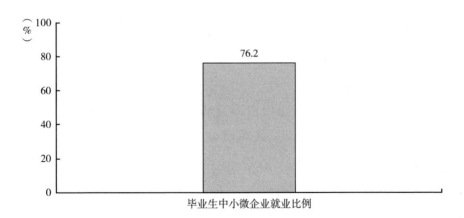

图 44 2015 年毕业生到中小微企业就业的比例

资料来源：《高等职业教育质量年度报告》，（2016）［2016 – 07 – 15］，http：//www. tech. net. cn/web/rcpy/index. aspx。

毕业生到中小微企业就业比例的地区分布具有差异性（见图45）。总体来说，各区域经济体①民办高职毕业生到中小微企业就业的比例均高于六成。其中，比例最高的是泛珠江三角洲区域经济体（84.3%），比例最低的是泛渤海湾区域经济体（61.0%），差值为23.3%。

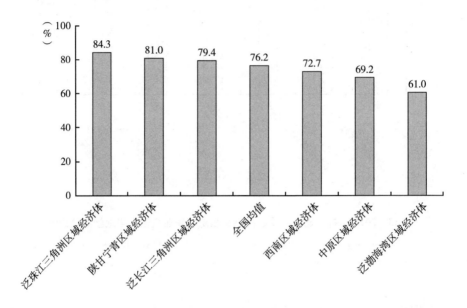

图45 2015年各区域经济体的民办高职院校毕业生到中小微企业就业的比例

资料来源：《高等职业教育质量年度报告》，（2016）［2016－07－15］，http：//www.tech. net. cn/web/rcpy/index. aspx。

其他区域经济体的该比例由高到低分别为陕甘宁青区域经济体（81.0%）、泛长江三角洲区域经济体（79.4%）、西南区域经济体（72.7%）、中原区域经济体（69.2%）。不同区域毕业生到中小微企业就业的比例受当地经济环境、当地政策、主导产业、中小企业的活跃度等多重因素影响。民办高职毕业生就业于中小微企业对于发展民营经济、本地区经济

---

① 这里的区域经济体指泛珠江三角洲区域经济体、陕甘宁青区域经济体、泛长江三角洲区域经济体、西南区域经济体、中原区域经济体、泛渤海湾区域经济体这六大区域经济体，而东北区域经济体、西部生态经济区由于样本不足，没有包含在内。

有着重要的意义。

3. 毕业生到骨干企业就业的比例较低

图 46 是 2015 年民办高职院校毕业生就业去向中到骨干企业就业的比例图。可以看出，2015 年民办高职院校有 7.5% 的毕业生到国家骨干企业就业。

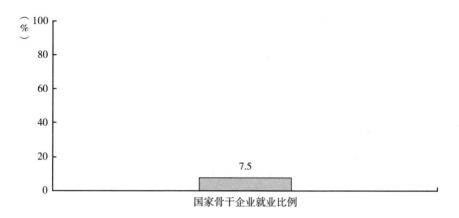

图 46　2015 年毕业生到国家骨干企业就业的比例

资料来源：《高等职业教育质量年度报告》，（2016）［2016 - 07 - 15］，http：//www. tech. net. cn/web/rcpy/index. aspx。

不同区域经济体[①]到骨干企业就业的比例存在着明显差异（见图 47），尤其是泛渤海湾区域经济体（13.8%）和中原区域经济体（4.6%），这两个区域民办高职院校毕业生到骨干企业就业的比例差异最大，差值达到 9.2 个百分点。泛渤海湾区域经济体整体到骨干企业就业的比例受北京市、山东省影响较大，两地民办高职院校毕业生到骨干企业就业的比例超过 10%，拉高了整个区域经济体的平均水平。

在其他各区域经济体中，西南区域经济体（7.6%）与陕甘宁青区域经济体（7.6%）到骨干企业就业的比例持平，均高于全国平均水平

---

① 这里的区域经济体指泛渤海湾区域经济体、西南区域经济体、陕甘宁青区域经济体、泛长江三角洲区域经济体、泛珠江三角洲区域经济体、中原区域经济体这六大区域经济体，而东北区域经济体、西部生态经济区由于样本不足，没有包含在内。

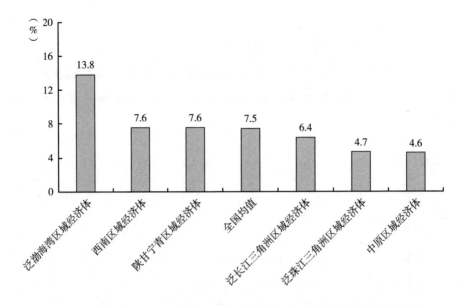

图47　2015年各区域经济体的民办高职院校毕业生到骨干企业就业的比例

资料来源:《高等职业教育质量年度报告》,（2016）［2016－07－15］, http：//www. tech. net. cn/web/rcpy/index. aspx。

（7.5%）。其后是泛长江三角洲区域经济体（6.4%）,紧接着是泛珠江三角洲区域经济体（4.7%）,而中原区域经济体（4.6%）与泛珠江三角洲区域经济体基本持平,这三个区域经济体民办高职院校毕业生到骨干企业就业情况低于全国均值。对于比例最低的两个经济体来说,泛珠江三角洲区域超过80%的民办高职院校毕业生的骨干企业就业比例低于全国均值,中原区域经济体有将近七成的民办高职院校该比例低于全国均值。

（五）超过9成的雇主对高职毕业生感到满意

雇主满意度是指录用应届高职毕业生的单位或部门对录用学生的满意度评价。

图48是2015年民办高职院校毕业生雇主满意度状况。可以看出,2015年民办高职院校毕业生的雇主满意度为92.6%,超过9成,可以在一定程度上反映出用人单位对于民办高职院校毕业生的满意度情况较好。

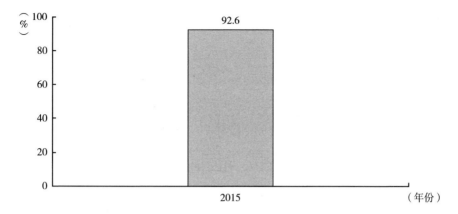

图 48　2015 年毕业生雇主满意度

资料来源：《高等职业教育质量年度报告》，（2016）［2016 – 07 – 15］，http：//www. tech. net. cn/web/rcpy/index. aspx。

　　总体来说，从民办高职毕业生的证书获得情况来看，以广东省作为典型案例分析，双证书获得比例接近九成。

　　从民办高职毕业生的就业数量来看，近三年就业率基本持平，呈现稳定的态势，每年的就业率均不低于95%。

　　从民办高职毕业生的就业质量上看，全国民办高职院校毕业生的平均月收入低于全国高职院校①毕业生的平均水平575元，有一定差距。

　　从民办高职毕业生的就业去向上看，留在当地就业的比例超过五成；中小微企业就业比例将近八成；骨干企业就业的比例为7.5%。不同区域经济体的毕业生就业去向具有一定差异，受学校所在地经济发展水平、主导产业、企业结构等一系列因素的影响。

　　从雇主评价上看，雇主对民办高职毕业生的总体满意度较高，达到92.6%，超过九成。

---

　　①　全国高职院校：教育部统计口径中的全国高职院校，既包括公办高职院校，也包括民办高职院校。

上海思博职业技术学院：
全面育人的教育教学模式

王　帅*

摘　要： 在良好的政策与社会环境下，上海思博职业技术学院从教育规律出发，立足自身资源条件，瞄准经济社会发展需求，探索了以素质发展为特色的"全面育人"教育模式，倡导文化育人、复合育人、实践育人、协同育人。"全面育人"模式的实施途径为：打造以护理、国贸、建筑施工三大特色品牌专业为支撑的专业体系；以海派文化为切入点，建设学生素质发展训练基地；以通用能力和人文素养为核心，构建全覆盖的课程体系；以复合培养为核心，建立专业人才培养体系；以综合实践和多类型活动为中心，建设实践活动体系。学校在教育教学、人才培养等方面取得了丰硕

＊ 王帅，中国教育科学研究院教育发展与改革研究所助理研究员。

的办学成果，未来将更加注重需求导向、差异化发展、全球化视野下的多元合作和创新发展，努力构建有特色的中高本贯通职教体系。

关键词： 民办高等职业教育　全面育人　课程体系　实践活动体系

上海思博职业技术学院是 2003 年 3 月经由上海市人民政府批准、教育部备案的民办专科层次的全日制职业技术学院，现由上海报业集团旗下新华发行集团出资举办。建院以来，学校立足于为区域经济建设和社会发展服务，办学条件逐步改善，师资队伍水平不断提高，人才培养质量得到了有效保障，特色品牌专业享有一定的社会知名度，目前正致力于提升办学层次，构建特色鲜明的中高本贯通的职教体系。

一　基本情况介绍

（一）管理体制

学校积极借鉴国内外高水平应用技术院校管理经验，建立并完善董事会决策制度，形成了学校建议、董事会审议、董事会全会决策的议事规则和决策程序；建立并完善党政联席会议制度，形成行政决策和党委把握方向在基本议事决策层面上的高度统一；建立专家咨询委员会和学术委员会的例会制度，形成决策、咨询、审议、评定过程中各方相互分离、有效制衡的柔性机制和保障体系；建立并进一步探索"重心下移，权责对等"的二级学院自主管理模式，明晰校院两级职责分工，优化两级管理工作流程，落实二级学院主体地位，形成以"学校宏观统筹把控，二级学院微观激活"为特征的校院两级管理体制；拓展校务公开党务公开的渠道；主动接受社会各界和学校教代会、工会组织的民主监督，形成民主化、透明化办学形态；建立并完善财务管理制度、全年财务预算财务决算制度、年度审计制度和专项审计制度，为学校的安全运行提供最关键的保障；建立并推进目标责任管理制度，明确职能部门的职责清单、责任清单和服务清单，形成较为完善的内部管理体系。不仅如此，学校还建立了具有明显特色的学生事务和学生素质发展的各责任主体联席会议制度，形成了思政中心全方位参与、全责引导、全面评估学生"月月有主题"活动及校内重大文化活动的柔性机制和主体责任。

学校董事会由 9 人组成，100% 具有高等学校学历背景，44% 具有十年以上高等教育管理经历。学校董事长由上海报业集团副总裁、新华发行集团董事长、上海市杰出人才陈剑峰担任，学校法人代表由院长担任，党委书记进入董事会。

（二）基础设施

学校现有全日制高职在校生 6184 人，校园占地面积 33.1886 万平方米（合 497.8 亩），生均 53.67 平方米。学校校舍建筑总面积 14.60 万平方米，已拥有产权或即将完成产权登记过户的校舍建筑面积共 13.70 万平方米，生均校舍建筑面积 22.15 平方米。其中生均教学科研行政用房面积 11.57 平方米。学校现有总资产 3.77 亿元，其中教学科研仪器设备总值 7622.9 万元，生均 12326.8 元。拥有教学用计算机 2093 台，多媒体教室 70 间。

（三）专业设置

目前学校有 5 个二级学院，开设高职专业 23 个，涵盖工学、医学、管理学、艺术学等四个学科门类。工学类专业 12 个，管理学类专业 7 个，医学类专业 2 个，艺术学类专业 2 个，已初步形成以工学为主，管理学、医学、艺术学协调发展的学科专业布局。

（四）师资队伍

学校现在专任教师 249 人，生师比为 17.8∶1。截至 2016 年 4 月，专任教师中教授 15 人，副教授 62 人，副高级及以上专业技术职务的教师占专任教师的 30.92%；具有研究生学历的教师 99 人，占专任教师的 39.76%，具有硕士及以上学位 119 人，占专任教师的 47.79%，其中具有博士学位 11 人；"双师型"教师 151 人，占专任教师的 60.64%；从企业聘请的行业专家和技术骨干 196 人，主要教学任务为承担专业核心课程的教学和指导学生实验实训；专任教师中，上海市教学团队 7 个，市级教学名师 5 人，市级精品课程负责人 8 人，曾荣获市优秀教育工作者等各种市级荣誉称号的 17 人。学校不断加强对学科带头人、专业骨干教师、优秀青年教师的引进和培养，正式聘请了校外兼职正教授 7 名。

二　以素质发展为特色的"全面育人"教育模式总结

（一）"全面育人"教育模式的内涵发展

"全面育人"教育模式是一项系统的人才培养改革工程，它以创新高职院校育人内涵和育人机制、全面提高人才培养质量为宗旨，把育人体系中各自分散、独立或排斥的内容，通过联系、渗透、补充、重组凝聚综合起来，形成合理的结构，以实现育人模式的整体优化和协调发展。

学校在 2013 年提出办一所有文化根基的高职院校，首次提出"全方位育人"理念，倡导文化育人、复合育人、实践育人、协同育人。2014 年在文化育人方面，通过通识人文教育、实践人文教育、技术人文教育、职业人文教育四大途径，突出职业人文素质教育；进一步明确"双主体办学，全方位育人"的办学模式，进一步形成"全面育人，育全面发展的人"的立体化格局。在 2014～2016 年进一步推进着眼于拓宽学生知识技能领域的复合型教育，着眼于素质素养提升的人文素质课程教育，着眼于实用技能提升的通用能力养成教育，着眼于人际交往能力提升的社会综合实践能力，着眼于学生个人发展和未来规划的创新创业教育。学校在工商管理专业中开展创业学历教育，携手各类院校，联合政府部门、行业组织、企业、天使投资联盟、天使投资基金，成立"国泰安创业学院"，"今日头条"等多家媒体头版头条进行了报道。

"全面育人"教育模式，在行业产业转型升级、"互联网＋"深刻影响着人们的生活和思维方式、经济新常态的形势下，以人的素质发展为特色，构建适应人才培养目标定位的三大能力结构：通过通用的可转移的学校教育培养认知性能力，通过针对产业或职业岗位的不可转移的企业教育培养功能性能力，通过通用的学校教育、企业教育和社会教育培养社会性能力。以培养适应性为教育目标，致力于培养适应不断变化和升级的岗位工作需求的职业人，适应"创新之城、人文之城、生态之城"的社会发展需求的社会人，适应人性、生活、职业生涯持续发展需求的完整的人。

（二）"全面育人"教育模式的实施途径

1. 以特色品牌为支撑的专业体系

特色品牌专业是学校的名片，也是学校办学实力与底蕴的集中体现。一个专业能以某种主导模式，超常规、成规模、有质量地发展起来，这不是偶然的现象，需要长期不变的追求、努力与积淀。学校在打造特色品牌专业、形成学校核心竞争力方面进行了一系列深入的思考和审慎的战略布局。学校认为，特色品牌专业建设，一要有市场布局上的考量，既瞄准新兴市场紧缺需求，抢占市场先机，又要冷中见热，知进守慢，在传统产业的变化发展中把握机遇；二要有结构布局上的考量，工科类群专业、文科类群专业合理布局，才是真正从源头上解决饱和专业只能事后调控问题的预警机制；三要有时间布局上的考量，成熟一个再培育一个，形成重点专业持续发展的效应和态势；四要有人才培养规格定位上的考量，以错位发展的思路，形成人无我特的优势，使专业教育在短时间内填补市场紧缺人才需求，形成不可取代的专业服务特定市场发展的能力。总之，把握并发掘民办高校体制机制优势，以大事集中资源办、特事先行一步办的灵活机制，努力形成以专业特色为核心的发展战略和学校竞争力，这是高职院校更是民办高职院校的根本出路。

经过多年的培育和发展，学校初步形成了在高职领域和行业领域有一定美誉度的护理、国贸、建筑施工等三大特色品牌专业。护理专业国际护理专业教育标准融入课程标准、国际人文护理理念贯穿于人才培养全过程，创新护理核心能力、信息素养、人文素养三位一体的人才培养模式，培养定位于涉外医院、高端私立医院、医院高级病房护士岗位。专业群建设效果显著：上海优秀教学团队 1 个，上海市重点专业教学设计比武三等奖，上海市精品课程 2 门，校企合作开发教材 38 本。毕业生综合素质高、上手快、用得长，成为上海三甲医院口口相传的"思博护理现象"。2015 年，护理专业获批成为中欧调优联合研究项目护理专业负责单位，学校也成为进入该项目的唯一民办学校。

国际商务专业及专业群依托行业资源，形成高职全国考证与培训"中心群"高地，建设"对接产业，依托行业"的强势专业及专业群。荣获2014 年国家级教学成果奖二等奖、2013 年全国外经贸职业教育教学成果奖特等奖、2014 年全国物流职业教育教学成果奖三等奖、2013 年上海市级教学成果奖（职业教育）特等奖、2012 年上海市高职高专院校重点专业建设教学设计比武（决赛）二等奖并于 2015 年获批上海市"一流专业"建设项目。拥有上海市级精品课程 4 门、上海市级教学团队 3 个、上海市教学名师1 名、国家和市级教学成果奖 2 项、国家级规划教材 5 套、上海市重点专业教学设计比武获奖 2 次，优秀毕业生不断涌现，形成了全国商贸类专业中的"高原现象"。

建筑工程技术专业及专业群基于建筑行业施工规律和高技能人才需求，构建"工学结合、工员融合"、"三三二"人才培养模式，形成了基于单项工种技能训练——岗位能力训练——施工性项目化综合训练——顶岗实习的层进式实践教学体系，确立了既有专项工种技能又掌握管理型岗位能力的复合型人才培养定位。实训基地和培养模式被住房和城乡建设部领导誉为"全国综合类院校同类专业中一流水平"，三届毕业生实现四个 100%。专业教学成效显著，获第三届上海市高职高专院校重点专业建设教学设计比武二等奖、上海市优秀教学团队称号、"基于双证书制度的专业建设"研究课题一等奖。技能大赛成果丰硕，从 2011 年至今获各类国家级技能大赛团体奖 5 项、个人奖 25 项，其中 2015 年上海市第六届"星光计划"技能大赛上 5 名学生获得"工程测量"高级证书，2015 年首届全国高等院校工程造价及创新竞赛中 3 名选手获得由中国造价协会颁发的"国家造价员"职业资格证书。

2. 以文化建设为中心的学生素质发展训练基地建设

新建综合楼以 3.3 万平方米的体量，为全校师生提供了兼具海派历史文化元素和现代高科技元素的"图文信息中心"，设施先进、功能强大、风格鲜明、为学生个性化发展提供服务的"沉浸式学生体验中心"，以及能实施多屏互动、远程互动、平面多点互动现代教学的"智慧课堂"。这些具有鲜明特色的精神和物质文化符号与品牌专业、特色专业一起，已经成为学校文化建设与学生素质发展的重要文化基础。

针对高职学生普遍缺乏基本传统文化知识的现状，学校以海派文化为切入点，通过学生素质发展中心的建设，将平台、课程和实践活动"三位一体"，引导学生传承以海派文化为主的传统文化精髓，丰富学生的文化认知和积淀，提高学生的综合素养，同时发扬高校辐射社区的文化功能，助力惠南镇地区的文化教育生活。

平台即"学生素质拓展中心"，包含图书馆、国学读书坊、音乐体验坊、古筝室、茶艺体验室、创意工作坊、休闲运动吧、露天长廊等。课程包含必修课程如"国学常识"、"人文历史常识"，选修课程"海派建筑欣赏"，以及讲座类课程如"'繁花'解析"、"过去一百年"等。实践活动包含社团活动、"闲逛马路，发现上海"实践活动、主题读书会等。

（1）建设具有海派文化特征的学生素质拓展中心

学生素质拓展中心由两部分组成：一是图书馆，二是学生素质活动中心。

图书馆整体设计是民国初期海派西洋风格，在明清风格特点的书房家具的围绕下，设计有海派风格藏书阁、海派风格阅读区，其中以"屋中屋"、"楼中楼"、"海派经典门窗"、"藏书阁"、"文化墙"为亮点。图书馆共有四层，涵盖古籍精品、主题专区、书刊阅览、自助借还、数码图书阅读区、视听咖啡休闲区、露天长廊交流区等区域和功能定位。

学生素质活动中心基于英国商业与技术教育委员会（BTEC）对通用能力的归纳以及学生可持续发展的需求，结合学校的育人使命和培养要求，建设了国学读书坊、音乐体验坊、古筝室、茶艺体验室、创意工作坊、休闲运动吧等功能定位合理、建设风格鲜明的主题活动场所。同时延续海派西洋风格的装饰特点，在图书馆与学生素质活动中心相连的走道上布置"老上海主题风貌照片展"。

（2）以教师为主体，开设一系列文化实践课程

根据学校全面育人的办学思想，加强"公共人文素质课程"、"专业人文素质课程"、"专业实践课程"的课程改革，启动"国家课程校本化"、"专业课程人文化"、"学校课程人本化"的课程改革工程，开发了国学常识选讲、人文历史常识选讲、生涯成长实务等特色课程。

作为必修课程的"国学常识选讲"和"人文历史常识选讲"在资源条件允许的情况下，在国学读书坊授课，所谓"环境育人"，学生在全木质的课桌椅前接受历史文化熏陶，坐得住，听得进，效果明显。

选修课程分为：自然、社会与历史模块；文学、艺术与审美模块；科学技术与生态模块；哲学、方法论与价值观模块；伦理、法理与公理模块；区域历史传统与城市文明模块等六个模块，学生自主选择，而"海派建筑欣赏"、"上海开埠"等更是学校的热门课程。讲座课程定期邀请著名书画家、作家等，为学生开设讲座，颇受学生欢迎。

（3）以学生为主体，自我管理活动中心，开展实践主题教育活动

学生素质活动中心的主题教室由学生自主管理，通过竞聘上岗，制定管理条例，开展社团活动，由学生处负责监督。

在主要以社团形式在主题教室开展活动的基础上，学生自发走出校园，开展主题实践活动，如围绕海派文化进行的"闲逛马路，发现上海"主题调研实践活动、如每周一次的主题读书沙龙活动，逐渐成为学校的传统文化品牌。

（4）顺应区域经济发展需求，整合校地企资源，打造专业人才

根据《上海市国民经济和社会发展第十三个五年规划纲要》，当前及今后一段时间内，实现创新驱动发展、产业转型升级的伟大目标迫切需要大量知识型、复合型、创新型的高素质应用型技术技能人才，为顺应上海城市转型建设和发展的需要，目前上海正进入针对海派文化及建筑室内装饰深度修

缮的重要时期，在海派传统文化设计大量缺失的情况下，学校以学生素质拓展中心为载体，整合企业资源，就海派传统文化装饰艺术的内涵进行整合教学，致力于为室内装饰设计行业培养一批掌握民国初期海派民居风格室内装饰艺术设计人才。

3. 以通用能力和人文素养为核心的全覆盖课程体系

高职教育不仅要传授"专业知识"、培养"专业技能"，更重要的，应以探究人的全面成长、个性潜能全面发挥为目标，培养有文化、有修养、有德性的全面发展的人。

（1）通用能力

就一般社会成员而言，人们能够胜任职业岗位的综合能力，主要包含专业能力和非专业能力两大类。非专业能力也叫通用能力，是从事各种职业都需要的能力，在职业生涯中可迁移、可携带，对人的终身发展起着重要作用。加强对学生通用能力的培养，已成为当今世界各国职业教育改革的重要方向。

学校在通用能力方面设置以下课程，各学院、部门协同合作管理，在课程与实践中切实提高学生综合素质，培育全面发展的人。

表1　学生通用能力培养的课程项目

项目	项目组	主管部门	统筹
1. 确定自己的学业计划和考证目标 2. 确定并写下自己的职业目标 3. 确定自己的职业榜样和人生偶像	生涯教研室	基础部	教务处
4. 课堂七分钟演讲	思政教研室		
5. 英语对话	英语教研室		
6. 制作电子表格 7. 制作电子文档 8. 制作PPT讲稿 9. 制作简单网页	计算机教研室		
10. 撰写一个项目方案 11. 选择一个项目进行资料收集 12. 阐明自己的观点，阐述自己的方案设想	专业教研室	二级学院	

续表

项目	项目组	主管部门	统筹
13. 了解并走访十个企业 14. 考察两个企业文化 15. 参加企业家报告会并有职业感悟认知总结 16. 编制一个创意或创新或创业的简要方案	学院就业办	二级学院	就业指导中心
17. 参加一个社团和志愿者项目并有感悟性总结 18. 参加校内公益劳动并有感悟性总结 19. 和同学进行主题性交流 20. 主持一个会议 21. 给父母亲写一封亲笔信 22. 做一次主题发言 23. 写一封道歉信 24. 写一篇遭遇挫折的反思性小结	学管办	二级学院	学生处

（2）人文素质教育

学校通过课程改革和人文素质教育活动两大平台，实施人文教育计划方案。

第一平台，课程改革。学校举办"全员师资培训"，对高职教育如何突破"工具主义"、"技术功利主义"进行了人文大反思和大讨论，各院系在专业课程教学中渗透或融入五大领域的学习内容：技术文明发展史教育、技术人文教育、（区域）城市产业发展史教育、职业素质教育、实践人文教育。学校通过方案设计、课时分配、课程管理等措施加大力度建设人文素质课程、为学生的全面发展提供精神滋养。开设的人文素质课程内容涉及文学艺术审美类4门、科技进步与生命探索类3门、世界历史和人类文明类3门、中国传统文化与中国历史类5门、价值观与方法论类3门、跨文化沟通与人际交流类4门、伦理法理类5门、经济发展和国家社会进步类2门、海派文化传统和城市发展类3门、行业人文历史和技术发展类4门。同时又开展系列化的"人文常识讲座巡礼"，讲述重要的人文历史现象，评述文化热点问题和社会深度问题。

根据学校全面育人的办学思想，加强"公共人文素质课程"、"专业人文素质课程"、"专业实践课程"的课程改革，启动"国家课程校本化"、"专业课程人文化"、"学校课程人本化"的课程改革工程，出版校本教材《信息技术实用教程》，大连理工大学出版社赞誉其是"值得向高职院校推广的应用性高职教材"；正在编写的教材有《专业伦理等系列》与《计算机伦理概论》、《国学常识》、《文史常识》、《科技常识》、《审美常识》、《区域历史传统与城市文明》。2016年，学校通过第三方平台，引入40余门线上课程，以线上线下混合、线上与辅导结合、纯线上运行的不同方式，为学生们提供了大量可自主选择的优质课程，极大地丰富了人文素质教育资源。

第二平台，人文素质教育活动。"人文素质教育活动"是人才培养方案中重要的体系完整的隐性课程。该体系先从横向对一年中的主要教育活动加以序化，再将各教育活动在三年纵向时序中加以内涵上的深化、内容上的扩展和形式的多元化提升，形成文化素质教育呈螺旋式上升的发展路径。学校构建了"四一·六"文化素质教育活动体系。"四一"即"四个一"：在建工学院半军事化管理的基础上有选择地推广半军事化管理；在校学生参加一个月军训；在家乡、社区或企业参加一个月的社会综合实践活动或服务性学习；在校内参加一个月的公益文明劳动（保洁、护校等劳动）。"六"即六大系列人文素质教育活动：借以进行传统文化教育、多元文化教育以及主流文化教育的"节日文化活动"系列；具有庄严的仪式感、深刻的教育性、强烈的感染力的"全员主题升国旗仪式活动"系列；成为学生精神家园的"社团活动"系列；具有专业特色、专业人文底蕴的"专业文化建设"系列；以培养学生才艺特长和艺术情趣为导向的"校园文化活动"系列；以及以"读书——让我们走得更远"为导向的"阅读活动"系列。

4. 以复合培养为核心的专业人才培养体系

交叉融合、复合育人是顺应产业转型升级需求而做出的与时俱进的教育选择，全面推进以"复合培养"为中心的多样化人才培养模式改革，培养知识技能"跨界"的复合型人才；鼓励跨学院、跨专业、跨领域交叉培养，鼓励引进国际资格证书培训或教育，提高学校服务产业的贡献度和提高专业和毕业生的影响力，是下一阶段人才培养的必然选择。学校2016年制定

《上海思博职业技术学院十三五发展规划》时明确提出："完善跨专业或跨岗位能力复合的人才培养课程体系，有效推进'双创'教育。"重点开展以专业课程模块为基础的复合人才培养的课程改革，使复合能力具有相对完善的课程群支撑。

复合培养，第一种模式是"专业内部跨岗位复合育人"。指通过主干专业课程模块和定向拓展专业课程模块叠加复合的专业学习平台，培养复合型人才。主干专业课程模块着重培养学生较为全面的专业能力和首岗能力；定向拓展专业课程模块（通常为3~4门课程）培养学生拓展专业的核心能力、多岗迁移复合能力。如学校将主干专业"卫生信息管理专业"和定向拓展专业"医院文秘"相复合，学生既掌握"医院信息系统管理"维护与管理能力，又有文秘速录和文秘公文撰写技能，毕业生既能在医院信息化管理岗上操作，又能在大主任秘书、医院职能部门秘书的岗位上岗。强势特色专业"护理"和"卫生信息管理"专业方向复合，毕业生跨专业考证通过率连续三年在97%以上，毕业生在护理岗位和医院信息系统管理和维护岗位中游刃有余，自由选择度较大，发展前景也较看好。

第二模式是"跨专业协同复合育人"，打破专业各自为政的屏障，跨专业协同合作，联合培养复合型人才。如根据"上海康业建筑装饰有限公司"的需求，通过艺术设计学院"环境艺术设计"专业和建工学院"建筑装饰技术"专业的跨专业协同，在"装饰施工"的专业核心课程以外，又引入4~5门"环艺设计"核心课程，协同培养懂建设装饰管理，又懂设计创意的复合型人才。根据上海建工集团第四建筑有限集团公司的需求，国商学院"会计"专业和建工学院"建筑工程管理"专业跨专业联手，培养懂建筑管理又掌握会计核心能力的复合型人才。

5. 以综合实践和多类型活动为中心的实践活动体系

高职教育最大的特点是强调学生学习的实践性。学校全方位布局、精心打造以综合实践和多类型活动为中心的实践活动体系。

（1）立体化的综合实践教育体系

学校全力倡导"大实践教育观"，形成了专业实践教学活动、生活实践活动和社会实践教育活动（综合实践周）协调发展的实践教学体系，并把生活实践与社会实践活动全部纳入人才培养模式和教学计划中，从法定课程的角度保障各类综合实践活动和专业实践教学体系有机协调同步发展。

——构建进阶式专业实践教学体系（占专业总课时的 58% ~ 60%）。

表 2　进阶式专业实践教学体系

内容	地点	时间	方法	目标
专业早期认知教育（企业见习）	企业见习	3 天 ~ 1 周	先期导入式	企业职业环境认知教育，职业生涯规划启蒙教育，形成专业学习的动力机制
专业课程(课内)实训	学校	15 ~ 17 周	学中做	进行课程所涉及的单项技能训练
专业(集中)实训	校内外基地	5 ~ 7 周	做中学	进行专业单项技能综合训练、培养专业技术素养
岗位综合实训（企业顶岗实习）	企业	32 ~ 35 周	做中学	岗位能力、职业核心能力和职业素质的协调发展

——构建综合实践周校本课程。

从 2010 年开始，学校将"综合实践周"列入教学计划和人才培养工作体系，并在学期结束前一周在校长室的直接主持下，由教务处、学生处、基础部以及各二级学院统筹协调推进与实施，使学生的社会适应力和人际关系技能得到有效提升。

表 3　每学期期末"综合实践周"教育方案

	专业实践	生活实践	社会实践
内容	院系组织、教师教导、结合专业、项目自定、每人必修	在生活中，寻找和发现孝亲敬长、爱幼、助人的内容和项目，培养和自我、他人、社会、自然和谐相处的能力	寻找服务项目，或个人或团体开展志愿者服务和社会调研活动，培养责任意识、服务意识、团队协作能力和学习能力
目标	将社会价值观念和个人行为规范相统一，能正确认识自我、认识他人，具有自我控制力和社会责任心，具有积极进取的人生态度，具有心地善良、意志坚韧、乐于合作等品质，具有基本的专业兴趣与专业热忱，具有社会适应能力		

作业	①综合实践周手册填写 ②综合实践周总结报告 ③制作一份 excel 表格，以反映你所了解的和企业相关的信息并做分类、概括 ④制作一段视频或 PPT，以表现你对某一实践活动的认识体验
考核	综合实践周学分认定

——正在构建"夏季开放学校"校本课程。

表4 "夏季开放学校"校本课程

模块	名称	课程内容	时间	组织方
模块一	企业在校举行的全封闭集中授课与训练	企业独立主持"岗位关键技术、职业关键能力以及解决职场常见问题的能力"的授课及训练		企业组织
模块二	开放的服务性学习	在家乡、企业、事业单位、社区等开展以"服务"为特征的隐性课程学习	第一、二学年夏季考试周后1周和暑期前2周	院系指导、学生选择
模块三	定向的服务性学习	学校组织"境外高校夏令营"、"暑期境外游学"、"主题考察性夏令营"、"志愿者表扬服务"		校院两级组织

（2）丰富的多类型活动

善思笃行——青年志愿者工作的创新与拓展。学校盘活资源，不断开辟大学生实践基地。3年来学校先后建立了19个大学生实践基地，其中11个校级大学生实践基地，8个院级大学生实践基地，每年实现志愿者服务达5900人次。志愿服务重管理，志愿招募双线进行。随着志愿服务的规模化，志愿者服务更加重视管理。以上海野生动物园项目为例，实施2年，效果颇佳，有效实现了高校服务区域的扩大。

社团成长——"社团活跃度"提升工程初见成效。学校开展"社团活跃度"提升工程，加强质量建设。建立社团的例会制度，促进常态化管理，近3年学校社团数量整体呈现上升趋势，从2012年的50个社团增加到目前的 71 个社团，目前依然有增加的趋势。落实社团指导教师，并且指导教师每月至少要参加一次社团活动。每学期必须有一场校级层面的社团展示活动。鼓励社团"引进来"、"走出去"。

月月有主题——主题教育活动体系化、多彩呈现。2012 年学校学生管理工作致力于建立一套校本"全面育人"教材，近 2 年学校正积极按照《学生成长手册》开展各项活动。自 2013 年起，学校学生工作依托《学生成长手册》正式启动"月月有主题、人人受教育"的主题教育活动。主题教育的基本模块：主题升国旗仪式教育，全覆盖的主题班会，以重大节庆为载体的传统文化教育，培养学生才艺特长和艺术情趣的"校园文化活动"。

相约周年庆——校园文化品牌效应基本形成。周年庆标志着大学的成长，是大学文化的盛宴，彰显出校方的办学理念。自 2013 年开始，学校已连续 3 年将每年的 11 月作为周年庆活动月，将青春风采融入周年庆。目前"青春撞上周年庆"系列活动已经形成很好的品牌。

（三）"全面育人"教育模式成效

通过多年实践发展，以素质发展为特色的"全面育人"教育模式取得了丰硕成果。

在人才培养质量方面，近五年来，毕业生在校期间面向专业的中高级职业资格证书获得率平均高达 91%，跨专业的复合型"双职业资格证书"获得率平均在 43% 左右，毕业生就业率连续五年达到 99% 以上，签约率稳定在 95% 左右；据第三方人才培养质量评估机构——麦可思研究院连续四年给出的"上海思博职业技术学院《社会需求与毕业生培养质量年报》"显示，学校毕业生就业率、专业相关度、岗位稳定率、初岗起薪等专业核心指标均达到或部分超过国家示范性、骨干院校的标准，学校获评为"上海市高校就业先进集体"和"上海市高校毕业生就业工作示范性创新基地"。学生素质发展成效明显，校足球队获上海市第十五届运动会高职组冠军、中国大学生足球联赛南区八强、全国十六强，连续三年上海市学生体育大联赛足球比赛（高职组）冠军；校体育舞蹈队获上海市学生体育大联赛体育舞蹈比赛奖牌 23 枚（其中金牌 7 枚）。

在专业教学质量方面，获教育部教学成果奖二等奖 1 项，上海市教学成果奖特等奖 1 项，全国行指委、教指委教育教学成果奖特等奖 2 项，上海市教学成果奖二等奖 4 项，教育部全国高校校园文化优秀项目二等奖。拥有上海市级精品课程 10 门、上海市级教学团队 8 个、上海市教学名师 3 名、国家级规划教材 12 套。在"上海市高职院校重点专业建设教学设计比武"中，学校连续五届获得奖项，累计获奖总成绩居于上海民办高职之首；在上海市普通高校"质量工程"评选中累计获奖总量位居民办高职之首。在计算机公共必修课教学质量方面，学校连续四年在全市高职高专计算机一级考试中合格率和优秀率均位于全市高职高专院校首位。在上海、全国乃至国际技能大赛方面，近五年来，学校学生在国际职业技能大赛中获二等奖 3 项，在国家级大赛中获一、二等奖 84 项，在省部级大赛中获一、二等奖 64 项，其中在全国职业技能大赛中获二金二银三铜的佳绩。杰出学生在企业发展中成为员工的标杆，企业对学校的人才培养质量给予普遍的认可。

近几年来，学校先后被评为上海市特色（示范）院校、上海市精神文明单位（蝉联三届）、上海市安全文明校园、上海市普通高校就业工作先进集体、全国高职高专院校科研工作先进单位。2014 年被列入国家教育综合改革上海试点院校，受中央新闻媒体采访团（12 家）专题集中采访、上海地方新闻媒体多次报道。2016 年正式通过评审成为上海市特色示范校。据中国科学评价研究中心（RCCSE）、武汉大学中国教育质量评价中心和中国科教评价网联合发布的 2015～2016 年中国专科院校排行榜，学校荣列全国 1322 所专科院校中的第 149 位。

三 发展愿景——构建有特色的中高本贯通职教体系

十余年积淀，为学校进一步发展奠定了坚实的文化基础、质量基础、科研与服务基础和管理基础。在"全面育人"教育理念的指引下，价值提升、重心下移、结构开放、过程互动、动力内升，以市场为主导、按需发展，分层施策、协调发展，跨界融合、特色发展，国际合作、借力发展，创新驱动、升级发展，专业形态聚焦"对接产业，跨界融合"，办学形态突出"开放灵活，校企协同"，校园形态彰显"人本情怀，文化底蕴"，服务国家战略，立足上海和浦东经济社会发展需求，聚焦临港产业发展需求，依托上报集团产业资源优势，努力构建有特色的中高本贯通职教体系。具体努力方向包括以下四个方面。

（一）更加注重需求导向

学校在十余年专科层次职业教育积累起来的办学基础和办学经验上，更加注重需求导向。以国家战略和上海转方式、调结构、促升级对职业教育人才培养的刚性需求、紧缺需求和长期需求为导向，形成面向产业调整的学科专业布局和人才培养规格，并形成应用技术型本科院校对区域经济全要素生产率的支撑力和影响力。

（二）更加注重差异化发展

要获得健康可持续的生存与发展，学校必须秉持"差异化发展"的思想和路径，在多面向、多层次的调查研究中，对接国际同类知名学校，分析上海应用技术型本科院校的办学特色，确定自身比较优势，找出市场急需、紧缺地带，明确走"差异化发展"道路，精准定位点，为受到互联网迅速发展深度影响和冲击的产业培育本科层次应用技术型人才。在上海中产阶层规模不断扩大、创意文化产业和市民日常生活快速融合的背景下，确定专业设置与人才培养规模差异化发展的战略和战术，在服务面向上精准定位，将学科专业布局和人才培养规格精准对接，按人才市场不同层次不同规格的需求形成相应的本专科专业集聚群，形成自己的办学特色。

（三）更加注重全球化视野下的多元合作

多渠道引进国际资源，以中英合作数字技术与创意设计学院建设为抓手，努力拓展合作办学项目；注重对国际教育资源的吸收、消化；强化国际课程建设；多形式搭建国际交流合作平台，提升学生培养质量，提升教师能力与水平。

（四）更加注重创新发展

释放改革活力，创新校企双主体办学体制和机制，形成各办学主体方的价值共识和效益共识；建立优势互补、利益共享、紧密合作、共同发展的战略联盟，形成产学研深度融合的基本路径，创新国际教育合作"1 对多"机制，创新应用技术型人才培养模式，构建多层次、有梯度的人才培养工作体系和技术服务体系。

海南科技职业学院："以创新求发展，以特色铸品牌"的教育模式

王 帅*

摘 要： 近年来，海南科技职业学院着眼行业发展，关注社会需求，以立德树人为根本，以支撑创新驱动发展战略和服务海南经济社会发展为宗旨，着力打造了"以创新求发展，以特色铸品牌"的教育模式。学校大力建设校外实训，注重"校企合作，工学结合"的人才培养；针对海南经济发展需求，大力发展重点专业，积极培育特色专业；通过多渠道的人才引进、在岗培养等方式，强化师资队伍建设，提升师资水平；深化实践教学改革，优化教育教学质量；开展校园文化建设，不断增强办学活力；发挥社会服务功能，带动区域经济社会发展。面向未来，学校将进一步创新职业教育技术技能型的人才培养模式，继续抓好课程建设、加强学生创新创业能力的培养，适应产业结构调整升级的需求，不断提升社会服务能力，努力为现代职业教育的长足进步贡献力量。

关键词： 民办高等职业教育 创新发展 校企合作 工学结合 社会服务

海南科技职业学院是 2007 年 5 月经海南省人民政府批准、教育部备案

---

* 王帅，中国教育科学研究院教育发展与改革研究所助理研究员。

的一所全日制普通高等院校。学校位于海南省海口市，在原中央美术学院海口校区的基础上扩建而成，现有美兰和云龙两个校区。学校秉承"科学、务实、厚德、创新"的校训，立足海南，面向全国，着眼行业发展，关注社会需求，以立德树人为根本，以支撑创新驱动发展战略和服务海南经济和社会发展为宗旨，以促进就业为导向，以工科为主导，兼顾健康科学、管理学、经济学、艺术学等多学科协调发展，努力培养高素质应用型人才。

一 基本情况介绍

（一）管理体制

在多年来的教学管理经验的积累下，学校探索形成了理事会、校行政、党委会三位一体的管理体制，实行理事会领导下的校长负责制。理事会、校行政和党委会是学校管理运营的"三驾马车"，它们分别的职责与作用日趋明晰，即理事会科学、民主、集体、依法决策，校长（校行政）行使教育教学和行政管理权，党委发挥政治核心和监督保证作用，共同推动学校管理的体制机制走向完善。

学校坚持"人才强校、质量立校、特色兴校"的办学理念，坚持"依法治校、科学管理、以人为本、和谐发展"的治学理念，注重发挥专家治学、治校的积极效果。办学伊始，学校就诚邀各大高校有丰富教学管理经验和教育教学经验的专家、教授来学院就职。目前，各分院院长及科研处处长、教务处处长、督导室主任、思政教学部主任、公共课部主任等，均具有高级职称，并有着十余年以上的高校教育教学管理经验。2014年11月，为了落实、贯彻、实施教育部政法厅、海南省教育厅等文件精神，突出教授治学、学术民主的理念与原则，学校制定了《海南科技职业学院学术委员会章程》，成立了海南科技职业学院学术委员会。学术委员会下设教学指导专门委员会、学科建设专门委员会、学科与学术评价专门委员会以及学术道德建设专门委员会等六个专门委员会，充分发挥学术委员会在学科建设、学术评价、学术发展和学风建设等方面的重要作用，推动学校的民主治理、科学管理和长足进步。

（二）基础设施

学校现有美兰、云龙两个校区，占地 1138.67 亩（759110.88㎡），校舍建设面积 369844.47 平方米。图书馆馆藏纸质图书 74.55 万册，电子图书 2860GB。校园网络覆盖面 100%。校内建有 171 个实训室，学校教学科研仪器设备资产值约 11009.8 万元（生均教学科研仪器设备 13440 元），有获中央财政支持的石油化工专业职业教育实训基地建设项目 1 项。

（三）专业设置

学校以服务于"海洋强省"、"国际旅游岛"、"一带一路"建设等为立足点，主动适应国家进入经济发展新常态的形势，紧密结合海南省新兴产业发展对人才的需求，为海南区域产业转型升级培养紧缺的工科类高素质技术技能型人才，有效支持区域经济发展，不断调整专业结构。紧紧围绕海南重点发展的八大产业，构建交通运输类、生物工程类、机械类、材料类和能源动力类、电子信息类、土建类、艺术设计传媒、财经类等八大专业群，共开设 8 个二级学院、36 个专业，现有在校生 7000 多人。以培养高素质技术技能型人才为目标，围绕化工技术类、水上运输类、自动化类等专业类深化内涵建设，重点建设航海技术、轮机技术、石油化工生产技术、机械设计与制造（电气自动化方向）、机电一体化、汽车检测与维修、太阳能光电应用技术、计算机网络技术、工程造价、物流管理、健康管理等专业。

（四）师资队伍

学校现有专任教师 423 人，其中具有正高职称教师 52 人，副高职称教师 102 人，具有硕士、博士学位的教师占 56.03%，享受国务院特殊津贴专家 7 名，博士生导师 8 名，二级教授 7 名，双师素质教师占 55%，省级优秀教学团队 2 个，省级中青年骨干教师 2 名，海南省高校特色实验（实训）教学示范中心 1 个。在 2016 年"全国民办高校创新创业教育示范学校"评选中，学校荣获"师资队伍建设奖"。另外，学校从企业或行业多渠道引进具有高级职称的教师到校担任兼任教师，现有兼任教师 55 人。其中校外兼职教师 37 人，校外兼课教师 18 人；具有高级职称的兼职教师 23 人，占兼任教师的 41.8%。2014～2015 学年校外兼职教师授课 3739 学时，校外兼课教师授课 1656 学时，总计 5395 学时。

二 "以创新求发展，以特色铸品牌"的教育模式总结

（一）"校企合作，工学结合"的人才培养模式

1. 大力开展校外实训，深化校企合作

学校制定了《海南科技职业学院校外实践教育基地建设项目管理办法》、《海南科技职业学院校外实习管理办法》、《海南科技职业学院学生顶岗实习管理办法》、《海南科技职业学院校企合作管理办法》等多个校外实习基地建设和管理及校企合作规章制度，与 83 家企业签订了校企合作实训基地的协议，进一步深化了校企合作，校企合作单位也为学生实训实习、顶岗实习以及毕业生就业创造了良好条件。

例如，学校瞄准养生养老、医养结合和健康产业在海南的兴起，与英国爱德华健康管理研究中心（爱德华"海南"健康服务有限公司）合作办学，成立了中英健康管理学院，开办了全国高职院校首个健康管理专业，以爱德华所属企业——海南官塘天来泉国际养生中心为实训基地开展校企合作。几年来，通过校企共同制定人才培养方案、共同承担教学任务、共同编写实训教材、共同制定考核标准，招收了健康管理专业"爱德华冠名班"，进行订单式培养。

学校在与爱德华"海南"健康服务有限公司合作期间，通过校企共同

制定人才培养方案、共同承担教学任务、共同编写实训教材、共同制定考核标准，实现了学校企业双主体育人。通过校企深度融合、工学结合、工学交替，改变传统的实习实训方式，实现了"实训即上岗，上岗即员工"，即学生经过培训后，分配到爱德华"海南"健康服务有限公司各部门的各个岗位进行顶岗实习，探索了既是在校生又是企业员工的"工学结合"培养模式。在健康管理专业的顶岗实习中，学生以准员工的身份，"学中做"、"做中学"，通过项目教学、情景教学掌握专业技术技能要求，通过工作中的实际操作，学会了与顾客沟通，分析顾客心理，通过闻、问、观、查，有针对性地进行健康养生指导。通过这种深层次的合作，把健康管理专业与爱德华"海南"健康服务有限公司的校企合作育人工作落到了实处。

在几年的校企合作过程中，健康管理专业的专职教师也通过到海南官塘天来泉国际养生中心挂职锻炼，参与企业管理、课题研发、编写教材、顶班工作等，使业务能力得到了提高，促进了中英健康管理学院教学、科研水平的提高。2015 年 8 月，学院获得了 5 个国家教学资源库及核心课程建设项目：主持老年健康管理、中医五行与养生 2 个子项目建设，参与老年产品与营销、老年心理学、老年养生与保健 3 个子项目建设。

2. 校企联合提升教学成效

学校及各二级学院成立了专业建设委员会，其成员由校内外专家、行业企业高级管理者、工程师及能工巧匠组成。专业建设委员会对人才培养方案、课程标准等重要教学管理文件提供制定、修订、咨询、审议意见，同时指导相关专业依据行业企业工艺流程、操作需求规划设计实习实训环节，督查实训课程的安排及效果。学校聘请校外兼职教师 37 人，发挥其生产经验丰富、设备工艺精通、操作技能熟练的特长，形成了专兼结合、优势互补的专业教学团队。企业专家广泛参与教学部门的人才培养方案制定、课程建设、教学研讨等活动，并承担专业课程教学，指导实训、顶岗实习及毕业设计等。在教学中依据企业真实的生产运行、流程规范、工艺技术，强调动手操作，辅导学生制作产品和项目开发，取得了较好的实践教学效果。

3. 校企合作开发教材

学校制定了每出版一本教材给予 3 万元经费支持的政策。通过几年的努力，学校与行业企业合作开发了 40 门课程及教材，编写了符合职业标准要求的 30 个专业人才培养方案、修订了 238 门专业核心课程的课程标准和 122 门课程的实训指导书。

（二）针对海南经济发展需求，强化特色专业建设

学校主动根据"海洋强省"、"国际旅游岛"的国家重大战略和区域经济建设、社会发展需求设置专业，大力发展重点专业，积极培育特色专业，填补海南高职教育专业设置的空白，建设了可持续发展的专业体系。坚持以办学条件为保障，以教学质量求发展，以办学特色创品牌，积极推动专业人才培养模式改革，切实提高专业人才培养质量，增强专业服务产业能力，形成了"产业支撑、服务为旨，模式构建、能力为本，需求导向、就业为重"的专业建设思路。学校已建成省级特色专业 1 个，省高职高专教育研究会评审的校企合作特色专业 1 个，校级特色专业 16 个，省级特色实训示范中心 1 个。通过订单班、冠名班、现代学徒制试点班、合作办学等方式创新人才培养模式，通过精品课程、精品资源共享课程建设等，提高了课程建设水平。

以石油化工生产技术专业为例，为服务海洋强国、海洋强省战略，满足南海油气资源勘探开发和石化加工产业发展需要，学校于 2008 年起创办了石油化工生产技术专业，开了海南省培养化工类高职人才的先河。该专业与海南本地及珠三角地区的中石油、中石化、中海油等国有企业，以及海南华塑石油化工公司、海南逸胜石油化工公司、海南富山油气集团、海南汉地阳光石油化工公司等多家企业签订合作协议，共建校外实训基地，进行深层次的人才培养和专业建设，构建了具有鲜明特色的"校企合作，工学结合"的人才培养模式。

该专业深入进行教学研究，主动探索教学改革创新，使教学改革落到实处。如采用企业真实案例进行教学，通过项目中的模块贯穿知识点，以

"产品（项目）"为载体组织教学内容。在教学上淡化理论教学与实践教学的界限，"教、学、做"相结合，努力做到三者互相渗透、融为一体，使学生在"做"中"学"，老师在"做"中"教"。

在该专业的课程设置中，以"工作过程"为导向，根据化工产品的"生产流程"确定"岗位能力"，针对岗位应具备的知识结构和职业能力结构，构建以职业基本素质、职业通用技术、职业专业技术为核心的教学内容体系，已开发自编配套教材 11 部，其中 4 部已经正式出版。2010～2011 年承担了海南省教育厅教改项目"加强课程体系建设，创建石油化工特色专业"，并以此为契机全面构建了课程体系和教学内容，科学合理的教育教学体系已基本形成。该专业还于 2013 年成功申报中央财政支持的职业教育实训基地建设项目（国家财政拨款 180 万元，学校按 1∶1 配套经费）；2014 年成功申报海南省高校特色实训教学示范中心建设项目（教育厅、财政厅拨款 60 万元，学校按 1∶1 资金配套）。这些国家级、省级实训中心建设项目的实施，提高了专业建设的实训设备标准，改善了实训条件。

几年来，石油化工生产技术专业培养了具备熟练岗位操作能力的技术技能型石油化工人才 1000 多人，为海南石化产业的发展发挥了积极影响，改变了海南石化产业长期依靠内地院校培养石化人才的局面。

（三）强化师资队伍建设，提升师资水平

1. 多渠道的人才引进

学校积极实施"人才强校"战略，不断拓展人才引进和培养的渠道，采取灵活招聘与专项招聘相结合的形式引进人才。学校制定了《关于引进人才的暂行规定》《关于加强师资和管理队伍建设的暂行规定》《关于教师攻读研究生学位的暂行规定》等规章制度，努力用事业造就人才，用环境凝聚人才，用机制激励人才。还专门设立人才引进专项经费，出台紧缺人才引进的特殊规定，立足以事业引人、待遇引人、环境引人、感情引人。2014～2015 学年，学校共投入人才引进费 49.8 万元，从企业和其他高校引进工程师及具有中高级职称的教师 36 人。

2. 灵活有效的在岗培养

学校设立了教师在岗培养专项基金，通过与内地高校合作培养，改善现有中青年教师的学历结构。2015 年，学校投入经费 30.1 余万元，资助 9 名青年教师攻读博士学位。学校还为教师评聘职称创造有利条件，2015 年学校共有 5 人被评聘为副教授，51 人被评聘为讲师，40 人被评聘为助教。学校制定了《海南科技职业学院教师培训暂行办法》等文件，鼓励教师参加培训或进修。2015 年，学校人事处组织教师参加校内业务培训 1093 人次，共 56.5 小时，培训费共计 25994 元；参加校外培训 25 场次，共 261 人次，培训费共计 78.5 万元；请专家来校指导工作共计 68 人次。

3. 规范有序的"双师"素质教师培养

学校非常重视教师到企业挂职锻炼，要求每个教师每年到企业挂职锻炼一个月，出台了《海南科技职业学院教师挂职锻炼管理办法》和《海南科技职业学院关于加强"双师"素质教师队伍建设的暂行规定》，教师到企业挂职锻炼逐渐常态化、正规化。2015 年，学校派出 320 余人次到企业进行短期挂职锻炼，还派出 52 名教师到校企合作单位脱产挂职锻炼一年。通过到企业挂职锻炼，使教师不断提高专业能力和实践教学水平，促进了"双师"型教师队伍的建设。学校还通过为企业提供咨询、承担科研项目等方式，建立起长期稳定、互惠双赢的"双师"型教师培养渠道。

例如，为贯彻国家与海南省政府深化国际交流的精神，提高本校师资队伍的质量，学校于 2014 年与韩国大真大学签订了校际合作协议，为教师们提供了一个学历提升的机会，搭建了一个知识交流的平台。学校为赴韩读博的教师提供学费与住宿费支持，让教师们没有经济压力，能够全身心投入学习中。同时拓展了中韩两所学校合作的广度与深度，促使两校在科学研究、学术交流、人才培养等方面更好地互通、共同进步。如 2010 年 3 月来到学校从事行政与教学工作的青年教师吴贺男，工作兢兢业业、非常认真，于 2012 年取得了南澳大学工商管理专业的硕士学位，现已在韩国大真大学攻读博士学位。

（四）深化实践教学改革，优化教育教学质量

1. 加强实践教学管理，提高实践教学质量

学校根据各专业的特点，按照人才培养方案确定专业实践教学项目和实践教学环节，针对实践教学项目性质确定实践教学的方法，遵循职业能力成长规律，加强了实践教学文件、实践教学内容、实践教学活动及实践教学条件的管理。在教务处的组织下，每学期对各二级学院实训教学进行十三项考核检查。为了提高了教师的创新创业能力和实践教学能力，还组织开展了每学期一次的创新创业实践教学大比武活动。狠抓了专业生产实践、顶岗实习等实践性教学各环节管理，提高了实践教学质量，增强了学生运用专业技术技能的能力。

学校由教务处、二级学院、学工处、就业办、合作企业五方协同配合，共同安排、实施、监督和检查各专业实践教学开展情况。二级学院对实践教学负主要责任，专业带头人为实施负责人。各二级学院与各个部门分工合作、统一管理，提高了实践教学的效果和质量。学校在人才培养方案中，对专业核心课程设置了专业集中实训项目，并增加了项目作品制作及项目成果展示等环节，取得了实训教学的实效。学校逐步实施管理重心下移，使各教学单位责权利统一，以进一步促进实践教学质量的提高。

2. 深化校企合作，优化实践教学条件

学校开办以来，先后建设了 80 个校企合作实训基地。为了保证校企合作质量和效果，学校对校企合作工作提出了四项要求：一是双方必须签订校企合作协议，双方挂牌；二是双方共同组建教学指导专门委员会，企业技术人员要参与学校的人才培养方案和课程标准的制定等教学和教学管理过程；三是企业派专业技术人员担任学校的兼职教师，学校也派教师参与企业相关项目的技术攻关；四是企业要优先安排学校学生顶岗实习和毕业生就业。这使得校企合作工作有了制度和机制上的保障。学校还引进海南明杨模具公司为学校建立电火花、线切割加工基地，上海迈朗船舶设备有限公司为学校新建了轮机工程三管轮船舶燃油动力优化研发基地，成为"校中厂"，形成了

融教学、培训、职业技能鉴定、技术研发和产品开发于一体的实践教学基地群。

3. 加强职业资格技能培训，提升就业竞争力

学校采取有效措施，增强了学生职业资格技能训练。注重课程与考证的紧密结合，将职业资格标准融入课程教学，鼓励学生考取多个证书，近三年学校毕业生双证书年均获取率为91.3%。学校规定学生至少应获得计算机等级证书和一个本专业职业技能证书或职业资格证书方可毕业，这提升了学生的就业竞争力。学校航海技术、轮机工程技术专业通过了交通部海事局船员教育和培训机构评估，取得了海船船员适任证书、6个小证的技能培训资格；还成立了化工行业特有工种职业技能鉴定站、海南省第九十四国家技能鉴定所，能够承担132个工种的鉴定。

（五）开展校园文化建设，不断增强办学活力

1. 发挥传播媒介作用，开展主题宣传教育

广播、橱窗、黑板报是进行良好文化氛围建设的重要设施。发挥广播、橱窗、黑板报等宣传工具的作用，营造正确的舆论氛围是开展校园文化建设的重要一环。学校广播站每天广播，内容贴近学生的实际，宣传学校好人好事，大大活跃了校园文化氛围。橱窗、黑板报是学校专题教育的宣传窗口，学校和社会的重大事件、评论，以及学生对专题教育的体会，都能够在校内橱窗和黑板报中得到直接体现，有力地提高了教育效果。

此外，学校还利用雷锋日开展"学雷锋精神"活动、在禁毒日开展"青春无悔、校园无毒"的活动、在国防日开展"关心国家安全，维护海洋权益"的活动、开展纪念中国人民抗日战争暨世界反法西斯战争胜利70周年活动，以及在国家宪法日开展法制宣传教育活动等。这加深了学生对国家主题日的认识，强化了学生的正确思想意识，提高了学生的综合素质。

2. 开展校园文体活动和志愿服务

学校将德育、智育、美育、体育渗透到校园文化建设之中，积极组织形式多样的文体活动，开展了大学生写作比赛、"我与祖国共奋进　我与海科

同发展"五四主题演讲比赛、"活力杯"拔河赛、"迎新杯"篮球赛、"志成学子、圆梦海科"歌唱比赛、"我为社会主义核心价值观代言"主题辩论赛等多项活动。这既丰富了校园文化生活，又开拓了学生的视野，为学生提供了大的活动舞台，展现了学生的个性特长，丰富了校园文化内涵。

为丰富校园文化建设载体，积极倡导社会主义核心价值观，学校青年志愿者协会的学生志愿者们到社会福利院为孩子们庆祝"六一"儿童节，到自闭症儿童中心看望孩子们，到敬老院看望老人们，到社区打扫卫生等。这种公益性的道德实践让广大学生加入校园精神文明体系的建设中，不仅有利于他们树立"人人为我，我为人人"的基本道德观念，也有助于推动校园文化的建设。

3. 参与海口"双创"活动，打造校园文明卫生风貌

校园环境是校园文化的重要组成部分，结合海口市 2015 年积极开展的"创建全国文明城市、创建国家卫生城市"活动，学校成立了"双创"领导小组，积极部署，以"创建卫生学校、打造文明校园"为目标，实现学校环境卫生、师生行为文明两个大变样。2015 年秋季开学伊始，学校举行全校大扫除活动，学校领导带头，处系负责人认真组织，学生干部积极参加，分散到各个角落，清扫绿化带中的杂物、清除墙面小广告、清运卫生死角垃圾等，净化了校园环境，使校园卫生环境焕然一新，展示了海科文明卫生风貌。

（六）发挥社会服务功能，带动区域经济社会发展

1. 校地融通，联动发展

海南科技职业学院地处海口市，海南地处中国最南端，是中国最大的也是唯一的省级经济特区，有着特殊的、重要的经济战略地位。尤其是随着中央"一带一路"重大倡议的提出实施，海南更是成为海上丝绸之路的重要支点。海南已形成新材料与新能源、制药、电子商务、食品和热带农产品加工、第三产业等八大支柱产业，对各种人才尤其是应用型技术技能人才有着巨大的需求。

基于海南对应用型技术技能人才的需求,海南科技职业学院一直坚持服务新型产业、培养高素质应用型技术技能人才、提供高端技术人力资本和技术支持的办学定位,不断调整专业结构和专业建设思路,打造专业建设多样化发展与区域重点产业布局相适应、应用型人才培养与区域规划总体产业布局相协调的发展格局。学校按照《国家中长期教育改革和发展规划纲要(2010~2020年)》指出的办学方针,结合地方经济社会发展的实际和学校自身特点,积极推进教育教学改革,通过多种形式的校企合作、产教结合,为市场、企业"量身定做",培养人才。着力改革传统的教学模式,让企业、行业直接参与学校招生、培养全过程,在培养目标、人才规格、专业设置、知识技能和教学评价等方面发挥更大的积极影响。

2. 职业培训与职业技能鉴定

学校不断加强校企合作,引企入校、引厂入校,积极为海南企事业单位的职工、社会求学人员提供职业培训,服务海南区域经济发展。2015年,学校为社会开展各类培训、技能鉴定400多人次。其中,为海南省海洋与渔业检查总队开办了2期船员业务强化培训班,为推动国家海洋事业的发展做出了努力。为海南省人社厅提供社会职业技能考试服务,承接职称英语考试1110人次;二级建造师考试2次1410人次;一级建造师考试1800人次,安全工程师考试600人次,共计15010科次。

3. 技术研发与服务

近几年来,学校教师积极承担技术研发任务,承担纵向科研项目62项,已结题38项;校中青年科研基金立项70项,已结题29项;获批国家发明专利7项、实用新型专利6项、外观设计专利2项;发表学术论文458篇,其中SCI收录31篇,EI收录35篇。学校筹建的石油化工产品检测中心,已通过海口市质量技术监督局的现场审核,为海南和南海地区石油化工产品及原油质量检测提供了条件,该检测中心的建立将填补海南省在此领域的空白。同时,在中央财政项目的支持下,学校建立的石油化工仿真重点实验室,为海南石油化工技术人员的培训提供了平台,已为汉地阳光石油化工公司、华硕石油化工公司培训一批油品分析操作工和技术人才。

4. 区域文化传承与创新

学校为深入贯彻落实党的十八大和十八届三中全会精神，积极践行社会主义核心价值观，在区域文化传承与创新中利用本地区的文化优势，努力弘扬海南特色文化，为增强海南省文化软实力和提高海南省传统特色文化在全国的影响力做出了贡献。例如，学校思想政治教育实践基地"林宜华故居重点文物保护单位"揭牌仪式于2013年12月在爱国将领林宜华故居隆重举行。中国社会科学院中国边疆地区历史与社会研究东北工作站常务副站长刘厚生教授，海南省教育厅思政处与海口市文物保护局有关领导，林宜华后裔林小平同志及其家属，海南科技职业学院校领导、学工处领导、思政教学部全体教师以及学校其他二级学院部分师生代表参加了揭牌仪式。

三 发展愿景：实现现代职业教育的长足进步

在国内经济发展进入新常态、国家全面实施南海战略、海南省实施将海洋大省建设成为海洋强省战略的形势下，学校要更加主动适应新变化，更好地发展现代职业教育。

（一）创新职业教育技术技能型人才培养模式

根据国务院《关于加快发展现代职业教育的决定》和《国家中长期教育改革和发展规划纲要（2010~2020年)》中提出的要求，继续推进校企合作，坚定不移地走产学研发展道路。继续探索校企合作、工学结合的人才培养目标、规格、方式、机制的创新，提高校外实训基地的运行质量和成效，提高实训教学的针对性、时效性，提高学生的技术技能运用能力和熟练程度。与企业共同设计课程体系和教学内容，确立动态的、多元的课程结构和内容，由企业参与制定专业发展规划，以保证专业发展与社会需求的有效对接。鼓励各专业根据社会需要和自身条件，开展合作办学，如设立校中厂、厂中校，建立实习实训、培训基地，为优质的特色专业建设创造条件。扩大现代学徒制的专业试点，扩大订单班、冠名班、教学改革试验班范围，大胆探索创新职业教育技术技能型人才培养模式。

从学校的实际出发，坚持培养高端技术技能型人才的目标定位，有选择地开展差异化竞争，拓展学校的生存发展空间，进一步提升学校的办学特色。积极探索实践人才培养的体制、机制和人才培养模式的创新，建立符合现代职业教育规律和满足现代高职高专技术技能型人才成长需要的人才培养模式。积极落实《教育部关于积极推进高等职业教育考试招生制度改革的指导意见》，研究探索通过分类考试录取学生；逐步提高专科高等职业院校招收中等职业学校毕业生的比例和本科高等学校招收职业院校毕业生的比例。进一步完善中高职"3+2"与高职本科"3+2"分段培养办学模式的管理，扩大招生比例，保证教育教学质量。

（二）继续抓好课程建设，加强学生创新创业能力的培养

继续加大课程建设力度，实现专业设置与产业需求对接、课程内容与职业标准对接、教学过程与生产过程对接、毕业证书与职业资格证书对接，提高人才培养的质量和针对性。航海技术、轮机技术、航海乘务、旅游、会计、工程造价、建筑工程技术、护理等有职业资格要求的专业，要在课程安排、教学内容、教学方法、教学过程管理等方面增强针对性、时效性，改善教学效果，提高职业适任资格考试通过率，通过参加国家考试这种教考分离的方式，检验相关专业的人才培养质量。

要贯彻落实教育部《高等职业教育创新发展行动计划》（2015~2018），制定学校创新创业教育改革实施方案，促进专业教育与创新创业教育有机融合，建立创新创业教育指导中心，把相关创新创业教育课程纳入人才培养方案，构建"课程、实践、保障"三位一体的创新创业教育体系，建立"学业导师、创业导师"、创新创业教育经费投入、设立创新创业基金项目、加快学生创新创业基地建设、提供创新创业教育实践平台、举办和参加各类创新创业大赛等多项保障机制，提高创新创业教育水平和学生的创新创业能力。

（三）适应产业结构调整升级，提升社会服务能力

1. 瞄准产业行业最新发展趋势，给专业建设注入新的活力

紧随各行业、产业和专业科技进步发展趋势，使专业建设与时俱进。当前形势下，各行业、产业和专业领域科技进步发展迅速，行业标准与国际接轨步伐加快，互联网、中国工业 2025、德国工业 4.0、航海马尼拉修正案、建筑 BIM 技术、3D 打印技术等深刻影响了各行各业。学校工科类专业要重点服务中国制造 2025，主动适应数字化、网络化、智能化制造需要，围绕强化工业基础、提升产品质量、发展制造业相关的生产性服务业对新型专业人才的需求，为专业建设赋予新的内容、新的使命，给专业建设注入新的活力。

2. 优化专业设置和布局结构，主动适应产业结构调整需求

建立产业结构调整驱动专业设置与改革、产业技术进步驱动课程改革的机制，主动调整和优化专业结构。结合海南新型产业技术升级需求的岗位群，调整专业结构，撤销或停办少部分与经济发展转型不相称的专业。紧密围绕海南国际旅游岛建设需要、海洋经济强省建设和健康养老事业的需要，继续壮大与之相适应的航海类、信息类、新能源、土木类、现代服务业等专业群，培养海南经济建设和社会发展急需的高素质技术技能型人才。

3. 构建灵活开放的终身教育体系，满足学生多样化和终身学习的需求

探索将学生完成的创新实验、论文发表、专利获取、自主创业等成果折算为学分，将学生参与课题研究、项目实验等活动认定为课堂学习；优先支持参与创新创业的学生转入相关专业学习；实施弹性学制，放宽学生修业年限，允许调整学业进程、保留学籍休学创新创业。学校为学生提供更加丰富多样的教育教学服务，从 2016 级新生起实行学分制，建立成绩置换和辅修第二专业制度，允许弹性学制，以多种改革措施构建灵活开放的终身教育体系，满足学生多样化和终身学习的需求。

广东岭南职业技术学院：
"区位融合、校企融合、
工学融合"的创新发展之路

王 帅[*]

摘 要： 近年来，广东岭南职业技术学院以现代高职建设、创新强校工程为引领，注重深化人才培养模式改革，推动学校的内涵与特色发展，探索出了"区位融合、校企融合、工学融合"的发展道路。学校优化专业与课程体系、推行学分制改革，为创新发展打下基础；推动校企深度融合，探索创新创业教育的新模式；通过校企"双主体"共同办学，打造现代学徒制的新型人才培养体系。面对高职教育转型升级的新形势、新要求，学校制定了"一体两翼"发展战略以及"岭南创新创业＋"等行动计划，谋求激发学校创新发展的内生动力，深化民办教育"产教融合、互动发展"的探索，不断优化专业人才培养模式，全面提升教育教学质量，打造高职教育的升级版。

关键词： 民办高等职业教育 产教融合 创新创业 教育人才培养模式

广东岭南职业技术学院成立于 2001 年 5 月，是一所集电子通信类、医药健康类、现代制造类、财经管理类和创意设计类专业为主体的省属民办高

---

* 王帅，中国教育科学研究院教育发展与改革研究所助理研究员。

等职业技术院校，投资方为广州岭南教育发展有限公司。自成立以来，学校坚持以国家、广东省关于加快发展现代职业教育的文件精神为指导，以现代高职建设、创新强校工程为引领，注重深化人才培养模式改革，推动学校的内涵与特色发展。

一 基本情况介绍

（一）管理体制

多年来，学校继续本着"培育英才，服务社会"的办学宗旨，坚持依法办学、民主办学、勤俭办学的原则，切实落实董事会领导下的校长负责制，不断深化管理运行机制的创新，探索建立了"董事会领导、校长负责、教授治学、民主监督"的管理体制，目前已有效运作并不断健全。按照全面推进依法治校的要求，加强了学校管理队伍建设，提高教育决策和管理科学化水平，推动落实董事会、校班子、党委、教代会、学术委员会等各个机构的职责权限和议事规则，完善决策程序，促进权责统一、科学决策、依法办事。切实推动学校大部制改革、二级学院由教学单位向办学单位转变，健全内部两级管理体制，不断增强办学活力，并在此基础上完善决策执行与监督机制，探索构建了决策权、执行权与监督权既相互制约又相互协调的内部治理结构。

董事会是学校最高决策机构，董事长为学校的法定代表人。董事会支持校长依法独立行使职权并开展工作，保证教学、科研、行政管理等各项任务的完成。校长由董事会确定聘用，全面负责学校的教育教学和行政管理工作，副校长和校部职能部门协助校长对学校各项工作进行管理。学校还设立了中共广东岭南职业技术学院委员会，由党委发挥政治核心作用，领导学校党建和思想政治工作，并对学校的办学方向进行监督。学校倡导行政权与学术权分离，设立了学术委员会等各类学术组织，管理和协调学校学术事务，对学校宏观办学政策，包括中长期发展规划、专业建设计划、师资队伍建设、重大合作办学项目等提供咨询意见。

（二）基础设施

学院拥有广州和清远两个校区，校园总面积 87.75 万平方米（含清远校区），校舍建筑面积 47.84 万平方米，学院办学条件良好，教学设施完备。教学、科研仪器设备总值达 12132.94 万元，多媒体教室 182 间，校内实训和生产性实习场所 154 个，10 人以上校外实习实训基地累计 342 个，图书馆馆藏图书资料 139.54 万册，出口总带宽达到 4810Mbps，校园网主干最大带宽达到 1000Mbps，信息化条件达到国家二级标准。

（三）专业设置

学校坚持社会主义办学方向，以立德树人为根本，以服务发展为宗旨，以就业创业为导向，以学生成才为中心，以技术技能培养为重点，紧密对接区域社会经济发展和产业行业需求，全力构建以"医药健康类专业"为主体、以传统优势专业及与主体形成交叉或延伸组合专业群为"两翼"的"一体两翼"专业规划布局，大力推进专业集群化、特色化发展，致力培养具有较高职业能力、创新创业能力和可持续发展能力的"博学而雅正，业专而技精"的高素质技术技能型人才。

学校共设有医药健康学院、商学院、管理学院、现代制造学院、电子信息工程学院、艺术与传媒学院等 17 个二级学院，囊括了药学、模具设计与制造、动漫设计与制作、软件技术、酒店管理、商务英语等 55 个专业，稳定招生专业 40 个，在校高职学生达 15000 余人。其中，药学、软件技术、模具设计与制造、动漫设计与制作 4 个专业为省级重点建设专业。此外，还包括校级核心专业 3 个，校级重点专业 6 个，校级重点培育专业 5 个。重点专业数约占全校招生专业总数的 35.89%，涵盖学院主要专业大类。

（四）师资队伍

2016 年，全校共有专任教师 704 人，高级职称教师 146 人，约占专任教师总数的 20.74%；具有"双师"素质的教师 388 人，占专任教师总数的

55.11%。此外，还聘请了 200 余名行业企业优秀技术人才和能工巧匠为兼职教师，教师队伍专兼结合、数量充足、素质较高、结构合理。

二 "区位融合、校企融合、工学融合"的发展道路总结

（一）优化专业与课程体系、推行学分制改革，为创新发展打下基础

学校紧跟区域产业转型升级和社会发展需求，布局专业、定位人才培养目标，注重培养"崇尚一技之长、不唯学历凭能力"的高级技术技能型人才，为广大年轻学子打开了通向成功成才的大门。2014~2015 学年，根据经济转型产业升级对高职教育创新发展的新要求，以及中国提早进入老龄化社会新形势，学校提出了"一体两翼"专业发展新战略，将以健康产业相关专业为主体，以主动适应先进制造业、电子信息产业和现代服务业发展的传统优势专业为一翼，以与健康交叉复合的新兴专业为另一翼。学校制定出台了"一体两翼"专业发展指导意见，健全了专业建设与发展奖助机制，制定了专业评价诊断与改进方案等制度，加大了对战略性、新办专业建设的投入力度。

为陶冶学生情操志向、培养全面发展的人，学院以博雅教育为重要导向，结合课程、项目和各种活动构建了日渐完备的博雅教育体系，共包括博雅文训课、博雅拓展课和博雅早读课三个模块。博雅文训课是面对大一新生的入学教育系列课程，共开发了博雅教育导引、《弟子规》诵读与解析、太极拳实练、健康养生、大学生礼仪修养、志愿服务、安全与应急避险和感恩教育共八门课程。博雅文训课在新生群体广受欢迎，并于 2015 年 3 月获得"2014 年度广东省高校学生事务管理精品项目"称号，以及广东省教育厅"2014 年度广东省教育教学成果奖培育项目"称号。博雅拓展课是围绕博雅教育而设定的国学教育、公民教育、成长教育、健康教育、科学素养、艺术教育、志愿服务和创新创业八大领域扩展课程，如主持技能训练营、三下乡

志愿者培训、菁英计划训练营、剪纸艺术、创意思维训练、图腾篆刻艺术学堂等。博雅早读课是由各班推选 2 名班级导读员带领班级早读，形成了导读员带读制的博雅早读课模式，这有利于增进学生对中华优秀传统文化精髓的了解与热爱。

作为省示范建设院校，学校于 2014 年探索学分制改革，借鉴美国学历资格框架（Degree Qualifications Profile，简称为 DQP）的理论和实践，以规范学分、赋予学分入手，将高职教育职业岗位分析对知识、能力和态度要求，融入 DQP 五大学习维度中，用基于 Bloom 的教育目标分类学的 DQP 语言，以预期学习成果的方式，科学地表达职业能力要求，建立起紧密关联的《专业规范》－《课程规范》学分课程体系，为推动学分制奠定科学基础。经过 2014 年清远校区试点，2015 年已在全校推广应用，并建立了与之配套的学分制管理系列制度，如《学分制学籍管理制度》、《选课制度》、《导师制度》和《学分制教学评价管理办法》、《学分制收费管理办法》等。目前，"基于美国 DQP 体系的高职学分制改革项目"已获广东省深化教育领域综合改革试点项目立项。

（二）校企深度融合，探索创新创业教育新模式

学院自办学以来，充分发挥民办高校机制灵活的特有优势，主动适应区域经济发展和珠江三角洲地区人才需求的新形势，坚持"办学方式校企融合、专业定位区位融合、教学模式工学融合"的办学理念，积极探索学校、企（行）业"双主体"办学，初步形成"双主体、三融合、四平台"的创新创业教育教学体系，取得了显著成效。

1. "双主体"举办创业管理学院，探索创业教育新模式

2013 年 4 月，学校与广东卓启投资有限责任公司"双主体"合作创办了"岭南创业管理学院"，在全省率先开设"中小企业创业与经营"专业。该学院充分发挥企业在项目经营管理、融资方面，以及学校在教、学和管理方面的各自优势，构建了"专业技术技能培养＋创业基础流程＋创业项目运营实训＋创业项目孵化实施"的闭环人才培养体系。以创新创业为核心，

将工商管理课程打通，采取团队教学（同时几个教师现场上课）、团队实战、团队绩效考核的全新教学模式，融入以电商、实体经营为落地形态的创业实践，让学生在掌握企业真实（模拟）运作中，获得专业知识、培养创新创业能力、体验创业过程、参与团队合作。

该学院以教练式、师徒制方式，导师参与学生创业团队的项目筹划、项目培育、项目发展全过程，指导项目孵化、上市。教师们所开发的"递进式、情景式"、"项目化、实训化"的创业教育新模式，均属国内首创，得到业内专家和学生的一致好评。

创业管理学院大规模开展了对全校其他专业学生的创业培训和辅导。近三年来，共对 1500 多名学生进行了 SYB 培训。同时还对校内 400 多名学生进行了"创新创业特训营"的训练，其中还有多所来自其他高校的学生团队也参加了特训营。

2. "三融合"机制有效保障创新创业教育长效运行

所谓的"三融合"机制是指：一是在创新创业教育上，通过学分制实现创新创业教育与专业教育的融合；二是在创业项目孵化上，建立"学院－公司－基金"三位一体的融合；三是在"双主体"学院的院长人选上，选择企业家全职担任院长实现统筹校企资源上的融合。

2014 年，学校推动基于美国 DQP（美国学历学位框架）的学分制改革，通过构建《专业规范》－《课程规范》，建立起基于学习成果导向的学分制课程体系和弹性的学分制管理体系，为创新创业教育搭建了必修与选修课程，以及课内与课外"三创活动"相配合的基于学习成果的学分换算框架，同时也为实行弹性学制、创新创业的工学交替提供了制度保障。《专业规范》、《课程规范》中融入创新创业教育 DQP 的维度，有效促进专业教育与创新创业教育的有机融合。

学校举办方"广州岭南教育集团"会同创业学院合作方"卓启投资"，在学校引入"蚁米创投"基金 1 亿元。通过创新创业特训营训练的学生和优秀创业团队，可获得该基金提供的企业孵化器入驻资格，并获得 2 个孵化基金的投资。这构成了"学院－公司－基金"三位一体闭环，真正促成大学生实现创业梦想。同时，"卓启投资"联合"蚁米创投"基金，继续投资学生毕业后 10 年内的优秀创新创业项目，成为学生创业的坚强后盾，在国内高校也是首屈一指。

学校创业管理学院的院长张锦喜，是"卓启投资"的总裁，2000 年大学毕业即投身互联网创业，创建和运营了广州市第一个互联网产业园，并成立广州市高新企业孵化器，成功运作了 2 个天使投资基金。他全职担任创业管理学院院长，全身心投入创新创业教育，充分发挥企业和学校双方创新创业资源优势。同样，电信工程学院院长龚芳海、穗峰建筑工程学院院长蔡建原，也都是企业家全职办教育的成功典范。

3. "四平台"搭建创新创业教育完整体系

（1）基于"4+1 工场"的工程化创新创业人才培养平台

这一平台是建立基于工程真实的项目规范和流程来实施的一种项目教学模式，以真实的项目需求为背景，并且按照企业团队模型来构建教学实施环节和配套元素的一种人才培养模式。包括：以项目案例学习工场（1 号工厂）、工程规范和流程实训工场（2 号工厂）、专项技术训练工场（3 号工厂）、服务外包项目研发工场（4 号工厂）和 1 个创新实战工场（与创业孵化对接），重构基于"四融合"（即基本、专业、综合、创新）技术技能创新人才培养体系。在学校的电子信息工程学院试点，仅 2014~2015 学年，在 4+1 工场的一个专业内，就孵化了 5 家注册资金上百万元的公司。

（2）"金点子大赛"——为学生创新思维提供展台

从 2010 年开始，学校每年定期举办大规模"金点子大赛"，即创新创意创业三创大赛，至今已经成功举办了 7 届，每次比赛都会聘请来自各行各业的企业专家作为评委，参与评选。为了保证有效的辅导效果，学院出台激励措施，保证了每个项目都有专业教师进行辅导。近三年来，参加"金点子"大赛的学生参与率平均接近 85%。从 2013 年开始，学校在课程体系中设置了"三创训练"模块，要求学生必须进行创业专题训练，纳入学分考核，鼓励学生依托专业特长创新创业。

（3）校企共建技研中心——为学生创新项目提供孵化平台

学校围绕开发区产业需要和学校战略，校企共建了"四个技研中心"（移动互联网技研中心、工业产品创新工程中心、健康养生技研中心、动漫与数字媒体服务中心），大力推进校企协同创新。四个技研中心吸引了众多师生共同承担学校和企业科研创新项目。近年来，共立项2个重大项目、19个重点项目、58个一般项目，同时申报获得专利5项，成果丰硕。

（4）"创新创业特训营"——为学生成就创业提供催生平台

学校每年定期举办的"创新创业特训营"，是集创业辅导、训练和孵化于一体，针对符合条件的创业团队进行辅导和项目落地的一个系统性、针对性的特训营，参与其中的创业团队由创业管理学院和卓启投资有限责任公司及其邀请的创业投资机构进行筛选和项目投资。"创新创业特训营"具有如下特点：全程免费、全程专家指导，学生还有机会获得奖励和投资机会；导师构成多元化，来自创业企业师资占70%；训练过程实战化，采用"学中练，练中学"的训练模式。自2013年12月4日启动第一届"百日成金特训营"以来，有多所高校学生团队参加，其中不乏来自广州地区重点大学的学生。近三年来，共有400多名学生参加了该特训营。

（三）校企"双主体"共同办学，打造现代学徒制的新型人才培养体系

2008年，学校与广州千骐动漫有限公司合作建立"千骐动漫实训基地"，开发融合动画片描线、上色等流程的实训。每学期6~8周时间，学生按公司的规范管理，在公司动画师等实践导师指导下，以企业员工的状态参与动画片制作。

2011年，学校与该公司"双主体"共建"'岭南·千骐'星力量动漫游戏学院"，为实现专业培养目标与行业要求的"零距离"，千骐动漫联合广东奥飞动漫文化股份有限公司以真实动画片制作项目为教学支撑平台，开发融入完整制作流程的课程体系，企业导演、编剧、制片、原

画师、动画师等组成的实力师资团队全程参与，校企共同打造最具实战经验的动漫人才。

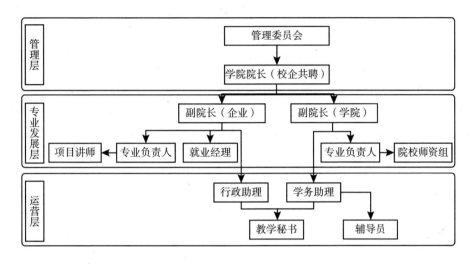

图1 "双主体"办学的组织架构示意

每年学校与企业共同制作2部以上动画片，每届学生均有参与制作3部以上动画片的机会。至今，学校作为企业首席署名合作伙伴完成了《御兽王者Ⅱ》、《机甲兽神Ⅰ》、《机甲兽神Ⅱ》、《奇博少年》、《翼空之巅》、《天际战骑》、《机甲兽神之爆裂飞车》、《巴拉拉小魔仙之飞跃彩灵堡》等8部热播动画长片，完成3000分钟以上动画制作，帮助公司实现产值2000万元以上。

以企业真实动画片为教学支撑平台，学校探索构建了新型动漫人才培养体系。从服务产业转型升级和岗位技能的具体需求展开分析，定位培养原创动漫人才。引入行业、企业标准，"企业真实项目"与"创意训练项目"双线并行构建"基本－专业－综合－创新"的四级"技术技能融合项目"，重点培养学生的"动画制作技能"及"创新创意思维"。通过对动画片真实项目的具体参与，完善了企业项目规划流程、企业项目实施流程、企业项目实施监控流程等流程，形成了一整套实施过程的记录文件，实践教学体系具备较强的可实施性和复制推广性。

学校还与企业共建"三组合"师资团队，打造现代学徒制的新型人才培养体系。按照"院校师资组＋国际化专家组＋企业项目讲师组"三组合打造师资团队，充分发挥国际化专家团队的指导作用，企业师资团队的实践项目、执行行业标准的优势，以及院校师资团队的丰富教学经验。企业的整个动画制作团队全程参与教学，以"师傅带徒弟"的方式"点对点"培养学生成长为优秀动画师、原画师、造型师、分镜师等。同时，由教师成立创新工作室，以专业导师身份带领学生团队实施创意训练项目，推送校外比赛作品108项，共128人次获得29个奖项（全国三等奖以上16人次）。

（四）构建"4＋1工场"，探索工程化信息技术类专业群人才培养模式

1. 基于"4＋1工场"的工程化人才培养思路

学校以产业转型升级带来对人才培养的新需求为导向，坚持校企多元合作办学，推进基于"4＋1工场"的工程化人才培养模式。"4＋1工场"是以项目案例学习工场、工程规范和流程实训工场、专项技术训练工场、服务外包项目研发工场的学习训练链加创新实战工场组成。构建基于"四融合"项目的专业课程体系，建设专兼结合且具备技术培训、实战项目研发、创新产品设计特质的角色多样的师资团队，搭建集教学、培训、产品开发和技术创新等多功能于一体的校内外实践环境，推动高职院校成为高级技术技能型人才培养基地、企业技术服务基地以及创新创业基地。

2. 基于"4＋1工场"的、角色多样的特色教学团队

围绕基于"4＋1工场"的人才培养模式的实施，学校统筹了不同专长的老师分别以不同角色参与其中，这包括项目案例教学讲师、企业级开发技术培训师、项目研发导师和产品解决方案专家。

3. 基于"4＋1工场"的"四融合"项目课程体系

按照三条不同的主线来构建"四融合"的课程体系：一是将支撑课程按照其性质、分不同学期嵌入"四融合"的不同阶段；二是以项目产品的不同等级，按照技能路线由初级到高级的逻辑顺序分学期嵌入"四融合"

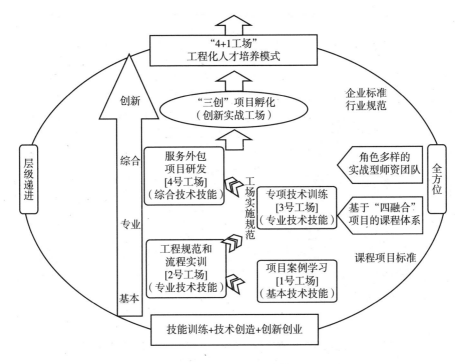

图2 "4+1工场"人才培养模式示意

不同阶段；三是以创意运营的不同等级，按照技术路线由简单到复杂的逻辑顺序分学期嵌入"四融合"的不同阶段，以此来形成专业课程体系。

4. "4+1工场"是创业公司人才、项目、团队的孵化器

创新创业需要多种资源的支撑，包括人才资源、技术应用资源和创新资源。"4+1工场"是创业公司人才、项目、团队的孵化器，学校以此为依托，打造了"互联网+"创新创业工作室和技术研发中心以及专业自营公司，为学生创新创业提供了有利的资源保证。

全方位、全通道、层级递进的、基于"4+1工场"的人才培养模式在学生的技术创新和项目孵化成果方面成绩卓著。已经在2年内孵化了9家公司、4个技术研发中心，其中包括3家专业自营公司，孵化的公司中2家公司分别获得上千万融资，专业自营公司年社会服务额达数百万元。目前已经在互联网+健康运动、互联网+移动口腔医疗、互联网+智慧酒店、互联网+生态

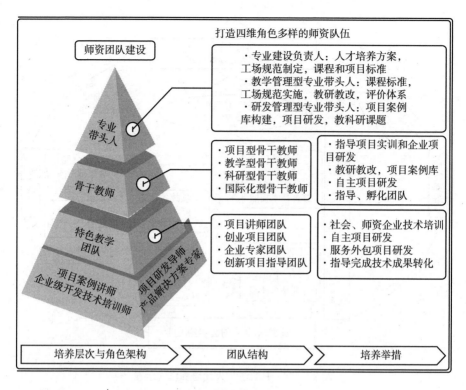

图3 角色多样的师资队伍结构建设

农业等领域做出了非常突出的创新成果，实现近 50 名创业技术团队输出、累计 4500 万元的创新项目融资金额。

三 发展愿景：打造高职教育的升级版

2015 年是"十二五"规划收官、制定"十三五"规划的开局之年，国家提出了创新驱动发展等一系列举措，如"互联网＋"、"中国制造 2025"、"大众创新、万众创业"等行动，制定《关于加快发展现代职业教育的决定》和《关于深化职业教育教学改革全面提高人才培养质量的若干意见》，吹响了高职教育创新发展的号角，为学校的未来发展指明了方向。学校也制定了"一体两翼"发展战略和"岭南创新创业＋"等行

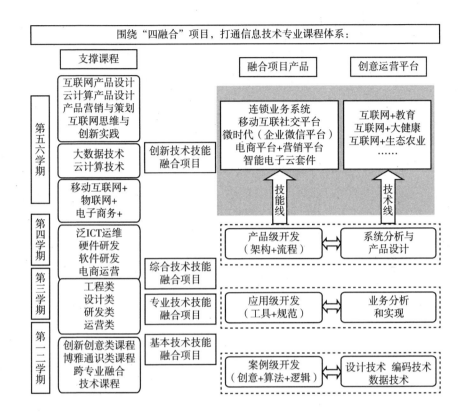

图4 基于"四融合"项目的信息技术课程群体系示意

动计划，并全力打造清远新校区，优化广州、清远两校区布局，以应对高职教育转型升级的新形势、新要求。在这一背景环境下，学校既要把握形势、保持战略定力、加大建设和调整的投入，又要不断提升内涵和特色、增强核心竞争力，在激烈的市场竞争中保持自身优势。为此，需要继续坚持改革创新、合作共赢的岭南职院传统，解决发展中的问题，取得更大的进步。

学校将加强规划引领，系统、科学谋划学校的"十三五"规划，有力、有序、有效地推进职业教育的发展和提升。"十三五"期间，学校"一体两翼"战略布局的逐步落实，清远新校区建设不断完善和广州校区逐步优化，以及"岭南创新创业"、"增强二级学院办学活力"等行动计划的落实，将会更大程度上激发学校创新发展的内生动力，力争在民办教育"产教融合、互动发展"的探索中，走出光明大道，为广东乃至全国民办高职教育树立典范。同时，通过继续深化学分制、博雅教育、创新创业教育改革，以及不断优化专业人才培养模式，全面提升教育教学质量，打造高职教育的升级版。

成都艺术职业学院：
打造高职教育特色 创新人才培养模式

王 帅*

摘 要： 成都艺术职业学院面向文化创意产业和城市化建设，坚持"育人为根本、就业为导向、教学为中心、质量为生命、特色为追求"的办学方针，遵循个性发展的艺术教育规律，潜心打造高职教育特色。学校实行"校企合作、产学融合、工学交替"的人才培养模式，通过"以赛促教、以赛促学"，加强教师队伍建设、提高教师专业素质，以及探索生动活泼的思政教育和学生工作模式，努力培养具有创新意识和艺术素养的高端技术技能型专业人才。未来，学校将以创新人才培养机制为重点，以社会责任感教育、实践教育和创新创业教育为着力点，深化教育综合改革，全力提升办学水平和人才培养质量，努力创办一所面向文化事业和产业新发展、辐射西部地区的应用型民办本科高校。

关键词： 民办高等职业教育 艺术教育 文化创意产业 创新人才培养

成都艺术职业学院初建于 1999 年，先后与四川美术学院、四川师范大学联合办学，设置四川美术学院成都分院、四川师范大学设计艺术学院，是

---

* 王帅，中国教育科学研究院教育发展与改革研究所助理研究员。

以本科为主体的全日制普通高等教育。2002 年经四川省人民政府批准成立、教育部备案，成为面向全国统一招生的全日制民办普通高等职业学校。学院面向文化创意产业和城市化建设，为社会培养艺术类为主的合格人才上万名，被誉为西部地区应用型设计师的摇篮。

一　基本情况介绍

（一）管理体制

学校为非营利性学校，实行董事会领导下的院长负责制，坚持党的领导和社会主义办学方向，实行教授治学、民主管理、依法治校，构建起了以董事会和党政领导为主体的决策、执行机构，以党组织、教代会为主体的监督机制。建立起教学和专业建设保障制度，通过学术委员会、教学指导组、专业建设指导小组三级机构以及教学督导组等机构，指导学科发展、专业设置和建设，对教学质量、教学管理、学生学习状态等人才培养质量进行监控和评估。学校实行校、院（系、部）两级教学管理体制，学校按处（室、部、委）等设置行政（群团）机构，按院（系、部）等设置基层教学、科研机构，按馆（中心）等设置教学辅助机构和相对独立的经营型服务机构，实行部门负责人负责制。教职工代表大会、工会、共青团、学生会等群众组织按照各自章程和工作制度在法律、法规和学校章程规定的范围内独立开展活动，参与学校民主管理。学校建立财务、会计制度和资产管理制度，并按照国家有关规定设置会计账簿。实行高校经费管理制度，进行财务管理和财务核算工作，维持学校正常运行。

（二）基础设施

2016 年，学校有全日制普通高职在校生 8207 人，另设中专部，有艺术类五年制大专和中专生约 400 人。校园占地面积 56.64 万平方米（合 850.4 亩），生均 69.08 平方米。学校校舍建筑总面积 35.09 万平方米，生均

42.76 平方米。教学科研行政用房 24.62 万平方米，生均 30.00 平方米。学校现有总资产 3.012 亿元，其中教学科研仪器设备总值 3290.65 万元，生均 4013 元。拥有教学用计算机 1290 台，多媒体教室 94 间。

（三）专业设置

目前学校有 11 个二级学院（系），开设高职专业 36 个，涵盖艺术学、工学、管理学、文学、教育学等五个学科门类。其中，属艺术学门类"设计学"一级学科涵盖的专业有环境艺术设计、室内设计、广告设计与制作等 13 个，设计艺术类专业在四川省高校中是规模最大的"专业集群"。目前，学院已形成了以设计艺术类为主体、音乐舞蹈表演类和建筑经管类为"两翼"的合理专业结构。

学校现有在建省级重点专业 1 个，省级重点特色专业 3 个，省级重点实训室 1 个，校内实训室和专业工作室 107 个，校外生产实训基地 150 多个。

（四）师资队伍

学校现有专任教师 634 人，研究生学历占比 31.36%，有教授 58 人，具有副高以上职称的教师 190 人，"双师型"教师 205 人，来自行业、企业的兼职教师 191 人。有一批国内知名教育教学和行业专家领衔的老中青结合的教师队伍，包括国家一级演员、著名表演艺术家、川剧表演艺术代表传承人余开源，省教育厅教育咨询专家刁纯志教授，全国优秀设计师、著名设计艺术家陈小林教授，著名艺术教育专家张庭秀教授，著名漆画大师詹蜀安教授，著名竹编艺术大师陈云华教授，中国丝网花艺术第一人、著名服装设计师吴静芳教授，以及一大批才华横溢、甘于奉献的中青年教师，被四川省教育厅称为"成艺软件不软"（指学院教师队伍力量雄厚）。有国家、省两级非遗代表性传承人 3 人。此外，学院还聘请中国艺术研究院著名学者莫言、刘梦溪、欧建平等为特聘教授。

二 "打造高职教育特色，创新人才培养模式"的 发展经验总结

经过 20 年的办学探索和积淀，成都艺术职业学院根据办学定位和专业特色，依据适应四川文化创意产业和设计服务业的需要，总结提炼出"以中华优秀传统文化为引领，以传统艺术与现代时尚相互融合、艺术教育与技术教育彼此渗透为特色"的办学理念，坚持"育人为根本、就业为导向、教学为中心、质量为生命、特色为追求"的办学方针，遵循个性发展的艺术教育规律，以"校企合作、产学融合、工学交替"为人才培养模式，努力培养具有创新意识和艺术素养的高端技术技能型专业人才。

（一）校企合作、产学融合、工学交替的人才培养模式

作为一种教学和人才培养模式，校企合作、工学交替强调的是教学与生产实践相结合，提倡"教学做"合一，强调学习与工作任务相结合，提倡"做中学，学中做"，在学与做的反复交替中提高学生的职业技能。通过校企合作，为学生提供更多的实践机会和真实工作场景，便于学生知行合一，掌握所学的专业理论知识，培养学生的动手能力和创业能力。20 年来，学校与"广东星艺"、"全友家私"、"中国女鞋之都"等数十家知名企业和生产设计基地建立了深度合作，落实"订单式"人才培养。学校招生、就业"两旺"，毕业生就业率一直保持在 97% 以上，多数毕业生在成都和省内中心城市以及沿海发达地区就业，不少校友已经成为企业骨干、行业精英和青年企业家。其主要举措包括如下方面。

1. 试点"现代学徒制"

学校是四川省首批开展"现代学徒制"人才培养试点工作的学校，旅游工艺品设计与制作专业（竹艺方向）同四川省青神云华竹旅公司合作开展现代学徒制专业试点。通过培训，竹编师傅们从识竹、剖竹开始教起，教会学生们把一截截竹子剖成一厘米大小的竹片，再把竹片划成几十根像头发

丝细的竹丝，然后采用平面编织技术把竹丝编成有各种花纹图案的工艺品，及掌握立体竹编的基本技术。学生经过刻苦学习，初步掌握了竹编的基础知识和技艺，第一批作品参加"四川省大学生创意大赛"展出并获一等奖多项，受到前来参观的四川省副省长曲木史哈的充分肯定。

2. "家具设计与制造专业"的"校中厂、厂中校"

该专业在多年来与成都全友家私有限公司、成都南方家私有限公司、四川瑞森家具有限公司、成都浩然家具设计公司开展"订单式"人才培养的基础上，按照现代学徒制培养的要求，进一步深化合作模式，制订了现代学徒制在该专业的实施方案。目前，基本上完成了以"校中厂"、"厂中校"为基础，分段式"工学交替"，"校中厂"配合实施跟岗实习实训，"厂中校"配合顶岗实习为特点的现代学徒制专业人才培养模式的研发。结合教育教学进程的实际需要，着力推进了"校中厂"产学结合家具设计制造工场的建设工作，学院形成了从大师工作室、家具设计制图室、模型制造实训室，到拥有雕刻机、榫眼机、平刨机、砂带机等一整套家具设计与制造"校中厂"教学设施设备的制造工坊。

3. 经管旅游类专业的"工学交替"

学校连锁经营管理、酒店管理、财务管理等专业，与伊藤洋华堂、城市名人酒店集团、洲际酒店集团等多家知名企业开展长期合作，搭建了稳定运行的学生专业实践平台。各专业学生从大一年级下学期分批次轮流到企业进行为期 3~4 个月专业岗位实践，并分批实现 2~3 个工种岗位的轮岗，然后回到学校学习，再回企业实习，做到了学习—实践—再学习—再实践，把专业理论学习与专业实践相结合，从真正意义上落实了"工学交替"。

4. 打造优势专业的重点实训室、实训中心

学校"广告设计与制作工场"在喷绘写真实习实训室的基础上，成功申报四川省高职院校"重点实训室"建设立项，获得财政专项建设资金及学校对等投入共计 140 余万元，增添如柯尼卡数码打样设备、大型户外喷绘机等相关平面印刷设备，配置水平领先于行业一线，并对校内外开放，服务于校园和社会，获得良好运营效果和教学示范效果。该重点实训室自投入使

用以来，已经对外承接品牌、广告及视觉传达相关设计项目若干项，负责设计校内各种活动的海报、节目单、宣传背景墙等平面作品。还组织经过实训实战的学生参加各种广告比赛，如成都创意设计周、四川省大学生动漫旅游产品创意设计大赛、"广告园区杯"四川省广告创意大赛、大学生广告艺术大赛、全国美育成果展等比赛，并获得众多奖项，仅 2016 年参加四川省大学生广告艺术大赛，就获得一等奖、二等奖、三等奖共 23 个奖项，为四川高职院校广告专业获奖之冠。

学校"影视与动画综合实训中心"是 2016 年配合省级重特专业建设重点打造的一个以影视动画、数字媒体等设施设备为主的应用技术实践平台，拥有影像录播、后期制作与视频编辑等系列设施设备。实训中心能为影视动画、动漫设计、游戏设计、数字媒体应用技术等专业的实践教学提供真实性操作平台。学院与知名动漫企业在校内建立了"风向西"动漫设计实训室，引入企业动漫商业项目。同时分批次安排学生进行实战实训，在校内实现工学融通的教学模式。数媒学院和成都三叠纪数码科技有限公司建立了"三叠纪"游戏设计工作室，将公司的游戏项目引入工作室，选拔大三学生进入工作室进行游戏设计制作实战训练，让学生掌握游戏行业相关项目制作技巧，大量采用项目教学，使学员尽快上手，并参与商业项目制作，为优秀的大三毕业生提供就业工作机会。通过校企合作实训，学生基本能达到商业化项目制作规范和要求，基本实现一毕业就能就业上岗，缩短了毕业生上岗前适应期，大大提升了毕业生的就业竞争力。

（二）"以赛促教、以赛促学"，培养合格的应用型和技术技能型人才

作为职业技能型的高职艺术院校，学校注重培养学生的专业技能和动手能力，除专业理论课程学习外，精心组织学生参加专业实训室、工作室和校企合作平台训练，由专业教师和企业一线业务骨干指导学生进行专业实践，提升学生专业技能，强化学生动手能力。重视参加政府和行业组织的各项专业竞赛，以职业技能竞赛为抓手，检验教学、发现不足，达到以赛促学、以

赛促教的目的。

以 2014～2016 年学校参加专业竞赛获奖为例。2014 年，学院师生在省级以上专业竞赛中获得一等奖 25 项，二等奖 18 项，三等奖 20 项，优秀奖 72 项。其中包括全国动漫设计制作大赛二等奖 1 项，全国艺术技能（中国舞）大赛二等奖 1 项，第五届"外教社杯"全国高校外语教学大赛四川赛区唯一特等奖、全国二等奖 1 项。2015 年，学院师生在全国及四川省职业院校技能大赛、四川省职业院校信息化教学大赛、全国大学生广告艺术大赛等 30 多个省级以上专业赛事中获得一等奖 26 项、二等奖 23 项、三等奖 38 项、优秀奖 21 项。其中包括在首届中国"互联网＋"大学生创新创业大赛中获"省赛"金奖 2 项，教师课程《书籍设计——西式锁线》获省赛"信息化课堂教学"一等奖。2016 年，学生参加当年四川省各项职业技能大赛，获得一等奖 9 项、二等奖 12 项、三等奖 39 项。"服装设计与制作"、"动漫制作"、"园林景观设计"三个项目代表四川省参加全国"高职院校职业技能"竞赛，并取得二等奖 1 项、三等奖 2 项。

学校音舞表演类学生组成的学院艺术团，是西部高校最活跃的艺术团体，具有扎实的基本功和较高表演水平，先后应中宣部、文化部邀请进京献演，参加 2009 年新中国成立 60 周年献礼北京专场演出、2010 年中国第九届艺术节专场展演等。2014 年，排演纪念邓小平诞生 110 周年的大型主题晚会《情深似海念小平》，2016 年 10 月受教育部安排，在钓鱼台国宾馆为中国－欧盟教育部长会议献演《滚灯》、《锦鲤》，获得满堂喝彩。此外，音舞表演类学生获 2014 年、2015 年第九届、第十届中国青少年艺术节全国总决赛多个金奖。在 2016 "中国好声音"全国校园选拔赛、2016 "超级女生"全国总决赛、2016 年央视综艺节目"黄金 100 秒"、2016 年全国啦啦操冠军赛等多项高级别专业赛事中取得优异成绩。

（三）加强教师队伍建设，提高教师专业素质

师高弟子强，要给学生一碗水，教师必须有一桶水。为了加强教师队伍建设，提高教师自身专业素质，近几年，学校先后组织了四次教师基本

功大练兵，大大提高了教师队伍的专业综合素质，促进了教育教学改革的发展。

1."说专业"和"说课"比赛

在"说专业""说课"比赛中，参赛教师紧紧围绕教学工作，结合专业课程特点，就课程定位、课程教学目标、课程教学设计、教学方法与手段、教学条件等方面进行了深入讲解，特别突出了课程建设的重点和难点，以及自身的教学特长与创新之处，充分展示了说课艺术，起到了很好的示范效果。讲述专业课的老师还对本专业的人才培养方向、师资培养、专业发展及面临的困境做了相应的阐述，使大家对专业建设内容更加清楚明晰。通过多次"说专业"和"说课"活动，老师们反映收获颇丰，为提升教师教学能力、促进教师之间相互交流奠定了坚实的基础。

2. 教师讲课比赛

比赛以课堂教学技能呈现为主，要求参赛选手准备一个相对完整的教学内容。比赛依次按照院系初赛、学院复赛、观摩教学三个阶段进行。院系评比时，结合查阅参赛教师的课程教学方案、教学进度计划、教学教案、讲稿、多媒体课件以及学生作业（作品）等有关材料。全体教师以系或专业为单位，开展"一堂高质量好课"标准的教学研究活动。从理论和实践上厘清课程建设的基本思路，把握体现高职教育科学要求的课程建设标准。通过开展教师讲课比赛，提升了教师的教学基本功，贯彻了"以教学为中心、以质量为生命、以特色为追求"的教育教学理念，进一步创新、规范教学模式，培养专兼职教师良好的师德、师风，推动了专兼职教师个人业务素质的提高和各教学单位课堂教学质量的整体提升。

3. 开展教师职业技能展示活动

为突出职教特点，展示职业技能，促进队伍建设，学校开展了教师职业技能展示活动。各专业教师踊跃报名参加，舞蹈系、体育系、音乐系、公共教学部、环境艺术学院、建工学院等多个院系的教师们，展示了自己专业范畴的别样风采，得到师生们的一片好评。开展教师职业技能展示活动，展现了学校优秀教师的非凡风采，为学校教师搭建了一个实践教学理念、锻炼自己、展示才干、交流学习的平台，有效提升了教师课堂教学能力，也促使教师们在教学工作中相互学习、取长补短，不断提高自己的业务水平，推进学校教学质量的良性发展。

4. 鼓励教研科研活动

除了教学任务之外，教研、科研也是高校教师提高教育教学水平、优化人才培养质量的一项重要工作。近三年来，学校鼓励教师积极进行科研活动，取得了较为丰硕的教研、科研成果。学校教师主持和参与国家社科基金项目、省部级科研项目 10 余项，取得企事业单位的横向课题 100 余项。独撰、主编学术著作和教材 50 余种，其中有代表性和影响力的专著有《西方文化源流》、《极致的平淡》、《设计几何四书》、《服装展示设计》、《藏族和羌族歌舞》等。发表论文 200 余篇，取得专利 100 余项。

（四）探索生动活泼的民办高校思政教育和学生工作模式

作为一所以艺术设计类专业为主体的民办高职院校，学校自创办以来，根据民办艺术高校生源特点，努力探索思想政治教育工作的新路子，创新学生思想政治教育工作的载体与形式，不断增强思想政治教育工作的针对性和实效性，推动形成学生思想政治教育工作的良好局面。

1. 充分发挥思想政治理论课教育主阵地与主渠道作用

学校思想政治教研部负责思政课的教学和建设，由学校党委书记、执行院长分管思政教研部工作。除按教育部规定把《思想道德修养与法律基础》、《毛泽东思想和中国特色社会主义理论体系概论》、《形势与政策教育》三门课程作为必修课外，思政教研部还针对社会热点问题组织开展了一系列形势报告课和专题报告。为提升教学质量，增强教学的直观性、生动性和感染力，思政课教师在教学中以改革开放取得的伟大成就为题材，采用多媒体教学手段，结合教学内容，给学生播放《大国的兴衰》等纪录片，很受学生欢迎。

根据学生关注的热点问题，学校进行思想政治教育状况的问卷调查。学校党委工作部与学生处、团委、思政部一道，针对高职艺术院校学生普遍存在的养成教育较差、思想信念较模糊的问题，在校内大面积开展了《成都艺术职业学院关于学习、践行社会主义核心价值观的知、信、行调查问卷》，并配套举办了社会主义核心价值观知、信、行的竞赛。根据调查报告中所发现的学生普遍存在的问题，由思政教研部、教务处和学生处组织教师、辅导员结合思政理论教学、专业教学及学生思想政治工作进行针对性的教育。

学校还推动社会主义核心价值观入脑入心入教材，营造学习、践行社会主义核心价值观的浓厚氛围。在学校每学期开办的入党积极分子培训班上，由学校党委书记带头上党课，宣讲社会主义核心价值观，提高入党积极分子对党的认识，端正入党动机，发挥学生党员和入党积极分子在学生中的模范带头作用。在学生入党、评优、选干以及国家和学校的奖助学金评比中，坚持思想表现第一的导向，坚持育人为本、德育为先的原则，思想表现不过关的，一票否决。党委工作部、思政教研部和学生处收集资料，编印"《闪光的青春》——记感动中国的道德模范中的年轻人"，发给广大学生学习，同时要求学生通过学习发现身边的感人事迹及先进人物，写出自己的真心感受。在教职工中选出十位"感动成艺"的代表人物，并为他们拍摄宣传视频，在学校庆典上播放，增强了师生践行社会主义核心价值观的自觉性。

2. 发挥艺术院校优势，寓思想政治教育于生动活泼的活动之中

学校每年举办校园文化艺术节，让思想政治教育"润物细无声"。学校生源大多数学生是艺术生，有艺术细胞，动手能力强，但文化基础相对较弱。根据此特点，学校因材施教，创新思想教育的载体与形式，每年上半年举办运动会和啦啦操比赛，下半年举办规模宏大、内容丰富、形式多样、弘扬主旋律的艺术节。历时一个多月的每届艺术节，都是学生们的欢乐节日。在活动中，学生们受到了爱国主义、集体主义理念的洗礼和熏陶，思想境界在潜移默化中得到升华。

学校开展"文明寝室"创建活动，建设文明和谐校园。学生处、团委、后勤处连续几年在学生公寓开展"文明寝室"创建活动。活动以

"安全、文明、阳光、温馨"为内容，以"和谐校园，温馨宿舍"为主题，集全体辅导员、学生的智慧和热情，把公寓打造成一个思想向上、安全整洁、优雅舒适、团结文明的大学生之家，使之成为管理育人、服务育人的另一个"课堂"。经过老师和同学们的努力，学生公寓发生了可喜的变化，上百间学生寝室达到了"优秀"和"特色"标准，环艺学院、视觉传达学院、数字媒体系三大设计院系和音乐系的学生寝室，在美化方面充分体现了自身院系的专业特征和学生的个性特点。开展"文明寝室"创建活动，不仅改善了学生的生活、学习环境，培养了学生优良的生活习惯，提高了学生自我服务、自我管理的能力，同时也提升了学校的思想政治教育水平。

学校力图开办"素质教育学校"，用高雅健康的学习活动丰富充实学生的课余生活。为了让学生全面发展和健康成长，从 2011 年起学校根据已经成型的专业群优势，结合学生成长成才需求，围绕大学生素质拓展的六个方面，精心设计了形式多样、内容丰富的课程。目前，素质教育课程主要包括"手绘 POP 海报"、"健美操"、"90 后 POP music"、"日语"、"中国流行音乐"、"民族民间舞"、"自我管理学"、"钢琴拓展"、"书法"、"营养与养生"、"摄影"、"普通话"、"自由搏击"、"工笔画"、"社交礼仪"等，课程种类多，内容新颖，基本能满足不同学生的需求，深受学生们的喜爱。如"手绘 POP 海报"课程契合了专业特点，平面设计类专业的学生选课和上课的热情十分高涨；"健美操"课程迎合了学生们当下热衷的美体塑身需求，在全校女生中掀起了一股旋风；"化妆造型"课程对设计类和音乐舞蹈类学生极具吸引力；"社交礼仪"课程在高职学院学生眼中，对他们将来的就业不可或缺。在设置精彩课程的同时，学校聘请校内外的专家及教学经验丰富的专业教师进行授课，课程以培养和提高学生综合素质能力为出发点，着眼于学生实用技巧的培养，丰富学生的课余文化生活，帮助学生人际交往能力的改善，增强学生的就业竞争力。而且老师们授课形式非常多样化，注重实操训练，这对学生的技能培养大有帮助。参加素质拓展课程学习的同学每期达几千人，生动活泼的学习活动，培养了兴趣特长，陶冶了个人情操，丰富了课余文化生活。

3. 团委、学生会组织多种活动，丰富学生的校园生活

团委、学生会组织召集了青春有活力的志愿者服务队，开展经常性的志愿服务活动。除在学校所在的新津县开展敬老爱老、对口支教等服务外，还派出优秀志愿者前往邛崃市革命老区的红军小学长期义务支教，进行音乐、舞蹈教学，弥补了山区学校艺术教育师资的不足，深受该校师生的欢迎和好评。通过服务地方、服务社会的志愿活动，引导大学生践行社会主义核心价值观，也使志愿者们在融入社会的同时提高了自身的综合素质。

团委积极推动校园社团建设，目前全校共有30多个大学生社团，每周都要开展独具特色的社团活动，吸引了众多学生参与。大学生社团成为学校校园文化建设的重要载体，为学生提供了广阔的发展空间，丰富了学生课余文化生活，也为学生提供了展示自我能力与发挥创造力的舞台。

团委、学生会还每年举办有声有色的校园十佳歌手大赛、啦啦操比赛，弘扬时代精神，激发青春活力，不仅丰富了学生业余文化生活，营造了活跃、和谐的校园文化氛围，也积极推动了学校精神文明建设，充分展示学生积极向上的健康风貌。2016年，学校啦啦操代表队在全国啦啦操冠军赛中夺得两项金奖，获得了代表中国参加2016～2017年国际啦啦操系列赛事的参赛资格。团委学生会的"官微"在四川高校中也以生动活泼的内容赢得了较高关注度，传播力稳居全省高校前列。

三 发展愿景：成为辐射西部地区的应用型民办本科高校

20年的办学经验，为学校进一步的发展奠定了良好的基础。展望未来，成都艺术职业学院决心以创办应用型本科高校为目标，以提高人才培养质量为核心，以创新人才培养机制为重点，以社会责任感教育、实践教育和创新创业教育为着力点，遵循个性发展的艺术教育规律，深化教育综合改革，全

力提升办学水平和人才培养质量，增强服务地方经济社会发展的能力，努力创办一所面向文化事业和产业新发展，以文化创意产业、现代设计服务产业、西部民族民间文化创新开发、西部文创中心等建设为支撑，立足成都、面向四川、辐射西部，以艺术学科为主，管、工、文等多学科协调发展的应用型民办本科高校。

借 鉴 篇

Experience and Lessons

澳大利亚私立高等职业教育的政策与实践

罗 媛[*]

摘 要: 澳大利亚在完善的学历资格框架和质量保障机制的基础上，通过加大对私立职业教育与培训的公共经费支持力度，促进了公立与私立教育机构之间的竞争，促进了私立职业教育与培训的规模不断扩大和学生人数不断增加，也促进了职业教育与培训学校类型的多样化。澳大利亚在建设职业教育体系、利用公共经费支持私立职业教育以及规范私立职业教育机构的办学行为等方面的相关经验值得我们借鉴。

关键词: 澳大利亚 私立职业教育 学历资格框架 质量保障

---

* 罗媛，中国教育科学研究院教育发展与改革研究所助理研究员。

在澳大利亚，学生完成义务教育后的主要选择是职业教育与培训（vocational education and training，简称 VET）和大学，其中职业教育与培训的目的是提供技能和知识从而帮助学生进入劳动力市场，或接受岗位培训，或提升技能，或在 VET 领域及大学进一步深造。与我国不同，澳大利亚的职业教育与培训跨越中学与大学之间，年满 15 岁的学生都可以接受职业教育与培训。澳大利亚有一半毕业生在离校后的 1~2 年内参与职业培训，参与职业教育与培训的学生中有超过一半年龄在 25 岁以上，并且大部分职业教育与培训的学生属于兼职学习。很多接受过大学教育的人也参与职业教育与培训以获得某项技能，有的工作为员工提供职业教育与培训，基础教育阶段的学生也可参与校内的职业教育与培训项目。

一 职业教育与培训的学历资格框架

职业教育培训机构提供的课程繁多，入学时间灵活，并可授予多个级别的证书与专科文凭，部分院校可授予高等教育学位文凭。澳大利亚职业教育与培训领域的学历资格框架主要包括：一级证书（Certificate I）、二级证书（Certificate II）、三级证书（Certificate III）、四级证书（Certificate IV）、专科文凭（Diploma）、高级专科文凭（Advanced Diploma）、职业教育研究生证书（Vocational Graduate Certificate）、职业教育研究生文凭（Vocational Graduate Diploma）。澳大利亚大约有 40% 的学生参加三级证书课程，有 30% 的学生参加三级证书以上的 VET 课程，还有 30% 的学生参加三级证书以下或澳大利亚资格框架以外的课程。

澳大利亚的职业教育与培训机构包括公立和私立，一般需要在政府机构进行注册，所教授的课程需要获得认证。公立培训机构（government registered training organizations）包括：技术与继续教育学院（Technical and Further Education，简称 TAFE）、中等学校和学院、大学、农业与技术学院。私立培训机构（private registered training organizations）包括：私立培训和商业学院，为自身员工提供培训的企业，为本行业内提供培训的专门机构、成人和社区组织①。

20 世纪 90 年代末以前直到 21 世纪初,VET 领域由公立教育机构(TAFE 机构)主导。20 世纪 90 年代,澳大利亚全国培训局(Australian National Training Authority,简称 ANTA)建立,开始主导和协调全国 VET 体制,并开始打造产业界和 VET 机构之间密切的互动合作,加强基础学校、VET 和高等教育之间的联系。随后,VET 领域开始演化成一个联邦政府、州政府以及其他利益相关者共同参与的复杂系统。

二　职业教育与培训的质量保障

《澳大利亚质量培训框架》(Australian Quality Training Framework,简称 AQTF)是澳大利亚联邦政府与州/领地政府制定的协议,旨在确立全国统一的职业教育与培训系统的标准以及质量保障机制,包括:培训机构的注册标准、州和领地注册审核机构的标准、课程设置和评估标准、行政制度标准。

澳大利亚质量培训框架主要有两套质量标准:一是注册的培训机构(RTO)的标准。任何教育与培训机构,无论是公立的还是私立的,必须符合该规定的 12 条标准,才可从事职业教育培训和进行相应的技能鉴定工作,颁发全国统一的职业资格证书。RTO 的注册期限为 5 年,RTO 应当具备的办学条件和办学能力,涉及 12 个方面:建立一套完善的优质职业教育、培训与评估系统;遵从联邦政府和各州政府的职业教育法规;建立高效的财务管理制度;建立高效的行政和档案管理制度;认可其他 RTO 颁发的资格,建立良好的合作关系;树立教育服务意识,热情周到地为一切教育对象服务;配备合格的教师和教学管理人员;开展规范统一的技能鉴定工作;教学方式与技能鉴定均体现以学生为中心、以需求为导向,遵

---

① NCVER. Did You Know? A Guide to Vocational Education and Training in Australia [EB/OL]. [2016 - 09 - 08]. http://www. voced. edu. au/content/ngv%3A8999.

守要求；颁发符合澳大利亚资格框架的资格证书，并对学员的前期学习及现有能力予以认可；使用全国和各州的统一培训标识；合理开展培训和技能鉴定等服务宣传活动①。二是各州注册/课程认证机构（Registering/Course Accrediting Bodies，简称 R/CAB）的标准。这类标准主要规定了对各州注册/课程认证机构的行政职能具体要求。各州注册/课程认证机构负责受理 RTO 的注册及其培训课程的认证。澳大利亚质量培训框架规定，只有通过正式程序成为"注册的培训机构"（RTOs）、满足《澳大利亚培训院校与课程框架》标准的职业教育与培训的院校才能开设相应的职业教育与培训课程。澳大利亚国家培训质量保障委员会负责监督《质量培训框架》的执行情况，并就质量保障问题向澳大利亚国家培训局（ANTA）提供指导性建议。

2011 年，负责监管 VET 领域的澳大利亚技能质量局（Australian Skills Quality Authority，简称 ASQA）成立，其主要作用是通过对 VET 机构及其认证课程进行管理以保障 VET 教育的质量，解决由于各州对机构注册标准解释的不同而引发的执行标准不一致的问题。

澳大利亚还有一些行业机构也推动着私立 VET 机构的质量保障。澳大利亚私立教育和培训委员会（ACPET）是代表全澳私立高等教育和职业教育培训学校的行业机构，代表 400 多个成员与政府及其他教育培训机构开展合作与交流活动。该机构旨在增强澳大利亚教育与培训系统的多样性、提高教学质量、不断创新，为个人、国家乃至全世界的发展做出贡献。澳洲独立职业教育学院委员会（ACIVC）是代表开设商科及其他相关课程的私立职业教育学院的行业机构。ACIVC 注重教育培训质量和执行有关行业规范。该委员会还制定实施授业保障计划以确保学生学到自己需要的知识技能②。

---

① 罗航燕：《澳大利亚高等职业教育体系研究》，华中师范大学硕士学位论文，2011。
② 《澳大利亚职业教育与培训的质量保障》，出国在线，［2017 - 09 - 18］，http：//www. chuguo. cn/study_ abroad/campaign/Study_ In_ Australia/90180. xhtml。

三 政府对私立职业教育与培训的公共资助与改革实践

（一）鼓励公立和私立机构彼此竞争

职业教育与培训主要由澳大利亚政府和州/领地政府进行资助，企业和个人也承担一定的费用，企业主要通过为其雇员购买培训服务，而学生则通过支付课程费用，有的学生在支付学费的同时没有任何政府补贴。

2008 年，澳大利亚政府委员会（Council of Australian Governments，简称 COAG）在 VET 领域实行了一些重要改革，旨在通过提高各机构间的相互竞争以促进 VET 领域的学生人数的增加，这些改革带来了私立教育培训机构的增加。随后，VET 学费资助计划（VET FEE - HELP）的实行使现行的按照收入比例贷款（HECS - HELP）扩大到职业教育领域，以提高学费的可负担性，但是 VET FEE - HELP 计划仅资助通向大学的 VET课程。

2012 年，澳大利亚政府委员会出台了有关职业教育与培训领域的两大协定：《全国技能与劳动力发展协定》（National Agreement for Skills and Workforce Development，简称 NASWD）和《全国技能改革伙伴协定》（National Partnership Agreement on Skills Reform，简称 NP）。《全国技能与劳动力发展协定》制定了澳大利亚人民技能培育目标，以确保现在及未来澳大利亚劳动力符合雇主的需求，包括 4 项目标：减少就业人口基本技能落差，促进教育、劳力市场及社会的有效参与；就业人口具备 21 世纪技能的深度与广度；全国训练制度回应不断变化的劳力市场需求；善用技能增加劳力市场的效率、生产力及创新，以确保充分善用人力资本。《全国技能改革伙伴协定》致力于改革职业教育与培训体制，提供更有效率的高技能劳动力，为澳大利亚经济的未来做出贡献。保障所有劳动年龄的澳大利亚人能够发展出可有效参与劳动力市场的技能和资格。该协定提出了以下改革方向：引进全国培训资格（entitlement），增加按收入比例的贷款机会；提高高层次的职业教育参与率和职业资格完成率；通过推动更开放的、更有竞争力的市场运行从而鼓励培训安排对市场进行回应；认可公立机构的重要作用，包括满足产业、区域和地方社区的培训需求以及公立机构在联结高水平培训和劳动力发展中的角色；保障培训提供和结果的质量①。《全国技能改革伙伴协定》确立了 2012/2013 年度至 2016/2017 年度 VET 领域的经费资助和改革框架，其目标是提高透明度、质量、效率和入学机会。该协定使 VET 学费资助计划得到扩展，取消了之前仅资助通往大学的 VET 学历资格的要求，一些四级证书（Certificate IV）的 VET 课程也可以获得资助。

（二）对私立职业教育与培训的公共资助带来学生规模的迅速扩大

近年来，澳大利亚公共经费有转向私立教育系统有扩大的趋势。从历史上来看，培训和为学徒及受训者签发资格证书主要是公立系统的责任，2006 年，一项由联邦政府颁布，总理和全部各州、自治区的主要政府官员所组成的澳大利亚政府委员会批准的改革议程发布，国家改革议程旨在通过加强各地区、政府和产业间的合作来提升澳大利亚劳动力的能力，第一次国家培训的改革议程通过向公立培训系统灌输开放市场的概念，根据"用户选择"的原则向私立培训机构包括企业型培训机构提供政府资金，打破了公立系统对培训市场的垄断②。

2008 年，维多利亚州政府开展了"为未来保障就业（Securing Jobs for Your Future）"改革，这项改革使职业技术教育学院（Technical And Further

---

① Parliament of Australia. The Operation，Regulation and Funding of Private Vocational Education and Training（VET）Providers in Australia ［EB/OL］．［2016 - 09 - 18］．http：//www. aph. gov. au/Parliamentary_ Business/Committees/Senate/Education_ and_ Employment/vocationaled/ Final_ Report.

② 乔斯·米斯克：《21 世纪澳大利亚职业教育和培训制度改革》，《职业技术教育》2010 年第 22 期，第 83～88 页。

Education，简称 TAFE)① 和私立 VET 机构相互竞争职业教育与培训的政府公共经费，该项改革使维多利亚州 VET 学生入学人数在 2008～2012 年间增长了 31.8%，而澳大利亚其他州的该比例为 7.3%。VET 学生人数的增长主要来自私立教育与培训机构，这一时期维多利亚州 VET 机构数量的增长，从 2008 年的 201 所增加到 2013 年的 421 所②。

表 1 政府资助不同类型职业教育与培训机构的学生数*

项目	TAFE	私立 RTO	企业 RTO	基础学校	大学	ACE 机构	其他	合计
政府资助学生数（人）	800569	457353	24900	45606	52603	107153	14037	1502221
所占比例	53%	30%	2%	3%	4%	7%	1%	100%

* Parliament of Australia. The Operation, Regulation and Funding of Private Vocational Education Andtraining (VET) Providers in Australia [EB/OL]．[2016 – 09 – 18]．http://www. aph. gov. au/ Parliamentary_ Business/Committees/Senate/Education_ and_ Employment/vocationaled/Final_ Report.

2008～2013 年，随着 VET 市场的扩张，非 TAFE 机构的经费增加了 8.39 亿澳币，增长了 160%；TAFE 机构学生数占政府资助学生总数的比例从 2007 年的 75% 降低为 2014 年的 52%；私立教育培训机构获得政府公共资助的学生比例从 2007 年的 15% 上升为 40%。这一方面体现了 TAFE 市场份额即将降到半数以下，另一方面也体现了私立领域前所未有的增长，私立教育培训机构所占市场份额较 2007 年增长了 159%，较 2003 年增长了 248%③。

① TAFE（Technical And Further Education，职业技术教育学院）是澳大利亚全国通用的职业技术教育形式，它由澳大利亚政府开设的 TAFE 学院负责实施教育与培训。TAFE 高等文凭由澳大利亚政府颁发，相当于中国的高等职业教育层次。TAFE 是澳大利亚高等教育的重要组成部分，是联邦政府和各个州政府共同投资兴建并进行管理的庞大教育系统。

② Paul Kniest. Deregulation of Victorian Vocational Education：A Case Study in Policy and Market Failure [EB/OL]．[2016 – 09 – 18]．http://www. nteu. org. au/article/Deregulation-of-Victorian-vocational-education%3A-A-case-study-in-policy-and-market-failure-16469.

③ Parliament of Australia. The Operation, Regulation and Funding of Private Vocational Education and Training (VET) Providers in Australia [EB/OL]．[2016 – 09 – 18]．http:// www. aph. gov. au/Parliamentary_ Business/Committees/Senate/Education_ and_ Employment/ vocationaled/Final_ Report.

随着政府公共经费的支持力度不断增大，职业教育与培训机构类型也更加多样化，私立培训机构占到一半以上比例。2014 年，澳大利亚共有 4636 所职业教育与培训机构，其中有 57 为公立培训机构（TAFE），2577 所为私立培训机构（Private RTOs），还有 2002 所为其他私立培训机构和教育机构（包括 960 所学校、498 所社区教育机构、214 所企业型培训机构、15 所大学和 315 所其他机构）（见图 1）。也就是说，私立培训机构的数量占到了 VET 教育机构总数的 55.59%。

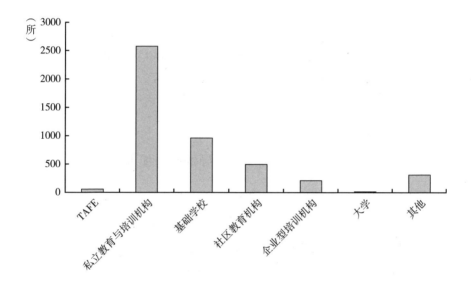

图 1　澳大利亚不同类型职业教育与培训机构数（2014 年）*

　　* NCVER. Trends in Public and Private VET Provision: Participation, Finances, and Outcomes〔EB/OL〕.〔2017－10－08〕. http://www.tda.edu.au/cb_ pages/files/Trends-in-public-and-private-VET.pdf.

2010～2014 年间，私立教育与培训机构的在校生数从 2010 年的 25.32 万人增加为 2012 年的 44.75 万人，到 2014 年略有回落，达到 41.68 万人。同时，公立的 TAFE 在校生数从 2010 年的 129.32 万人下降为 102.47 万人。（见图 2）

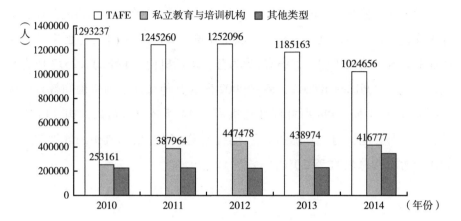

图2 澳大利亚不同类型职业教育与培训机构在校生数（2014年）*

NCVER. Trends in Public and Private VET Provision：Participation，Finances，and Outcomes［EB/OL］．［2017－10－08］．http：//www. tda. edu. au/cb＿pages/files/Trends-in-public-and-private-VET. pdf.

（三）私立职业教育与培训的乱象导致政府加大管制力度

澳大利亚职业教育改革带来了很多积极的成果，但是也有少数私立职业教育与培训机构利用 VET FEE－HELP 贷款的低门槛进入教育培训行业，带来了负面影响，包括对弱势群体学生的剥夺、VET 教育滥收费以及高额的 VET FEE－HELP 负债。2015～2016年，澳大利亚宣布对 VET 教育进行更加严格的监管、对 VET FEE－HELP 进行审议。

据劳动力市场研究中心估计，大型私立职业教育培训机构收入的 95% 依赖于政府资源，这意味着在政府教育政策变化的情况下，投资者将面临高风险。一些不道德的集团利用 VET FEE－HELP 资助方案，严重损害全澳各地职业教育与培训行业的声誉。其行为包括如下方面①。

第一，造假：Phoenix 学院被澳消费竞争委员会告上联邦法院，指责发布虚假与误导性声明，行为不当。该公司是澳洲职业网络（ACN）分支机

---

① 《政府全面扫雷 澳洲职业教育暴利时代终结?》，中财网，［2016－12－10］．http：//cfi. net. cn/p20161009000006. html。

构，于2016年3月接受破产托管。据称2015年1～10月间凭借入学情况从联邦政府获取1亿澳元资助。

第二，欺凌弱势群体：澳大利亚职业教育学院（AIPE）面临联邦法庭诉讼，据称"向最为脆弱和最为弱势的澳人群体进行课程营销"。澳消费竞争委员会指控，2013～2015年间，AIPE接受15426名学生入学，收取的课程费＄12160～＄19600。凭借入学情况，从联邦政府获资助2.109亿澳元。

第三，虚假营销：Empower学院因向偏远社区的课程营销存在误导、欺骗与不当行为，面临联邦法庭诉讼。2014～2015年间，学位课程招收超过1万名新生，从联邦获资9000万澳元。

第四，大面积弃课：Unique国际学院（UIC）将面临联邦法院诉讼，据称发布虚假与误导性声明，参与误导或欺骗性与不当行为。2014～2015财年，学位课程招收超过3600名新生，从联邦获资助5700万澳元。澳消费竞争委员会说，只有2.4%的学生完成了课程。

最典型的反面教材莫过于前澳交所上市教育集团（Vocation Ltd）。Vocation Ltd 2013年底挂牌上市，以1.89澳元价格IPO首募2.5亿澳元，股价巅峰时曾达到3.4澳元。由于担心教育质量，维州监管方撤销了对Vocation Ltd的财政资助，引发其股价雪崩，最终在2016年8月底退市。与Vocation同时崩溃的是人们对职业教育行业的信心。

澳洲VET教育提供者问题频出、行业乱象衍生，这促使政府"捉刀"，厉行改革。新方案下，政府大幅拔高培训服务提供商的准入门槛，将全面评估他们与行业的关系、学生结课率、就业水平与企业经营记录。新的VET学生贷款计划旨在重建职业教育行业诚信，通过设置保护墙、提升教学质量，给学生和纳税人带来双赢结果。在前工党政府推出的补助方案下，全国学生债务（贷款）由2012年的3.25亿澳元激增到2014年的18亿澳元，并在2015年膨胀到29亿澳元。学生数量飙升5000%，学费增长2倍，学生贷款增长11000%。自2017年1月起实施的新方案中，法制、合规与支付条款都将收紧，政府有权限制学校贷款额、学生数量、课程范围，撤销表现不佳的学校参与政府补助计划的资格等。政府规定职业学院不得使用"中介"或直接接触潜在生源，"忽悠"招生，培训分包也将受到限制。TAFE 仍可顺利获得学生贷款的发放，但也要受入学人数、贷款上限与学生参与率等条件限制[1]。

四　对我国的启示

澳大利亚之所以能够建立起高质量的职业教育与培训，与其完善的质量保障体系和政府的大力支持是分不开的，与私立职业教育与培训的大力发展也密不可分。其在以下几个方面可以为我国发展民办高职教育提供借鉴和启示。

一是要完善职业教育的质量保障机制。一方面，澳大利亚出台了《质量培训框架》，形成了完善的学历资格框架，确立了全国统一的职业教育与培训系统的标准及质量保障机制。另一方面，还成立了私立教育和培训委员会（ACPET）、独立职业教育学院委员会（ACIVC）和技能质量局（Australian Skills Quality Authority，简称 ASQA），通过对职业教育机构及其认证课程进行管理来保障教育质量。

二是要增加对民办职业教育的政府投入。澳大利亚对于私立高职教育的公共经费支持力度较大，由政府和企业共同对职业教育与培训进行投入。在澳大利亚，职业教育与培训主要是由各级政府进行资助，同时政府对私立职业教育与培训的公共资助打破了公立系统对培训市场的垄断，使职业教育与培训机构的类型变得多样化，促进了私立培训机构的迅速发展。

三是要规范民办高职院校的办学行为。针对职业教育滥收费、利用政府提供的贷款低门槛进入教育培训行业等行为，澳大利亚政府通过限制学校贷款额、学生数量、课程范围，撤销落后学校参与政府补助计划等举措，大力解决了私立职业教育与培训行业的乱象。

---

[1] 《政府全面扫雷 澳洲职业教育暴利时代终结?》，中财网，［2016 - 12 - 10］. http://cfi. net. cn/p20161009000006. html。

德国"双元制"模式下企业参与职业教育的政策与制度

罗　媛*

摘　要： 德国"双元制"职业教育模式是德国职业教育的基本形式，由企业和职业学校共同完成职业培训。企业是"双元制"教育的主导方，承担职业教育的较大部分开支，职业学校是辅助方。企业与受训学生签订培训合同，接受其为企业的学徒工，然后安排到职业学校学习，最后还要接受行业协会的考核。德国"双元制"模式下企业参与职业教育的政策与制度，对我国民办高职教育开展校企合作具有一定的启示和借鉴意义。

关键词： 德国　双元制企业　职业教育

德国自 20 世纪 60 年代后的经济腾飞得益于职业技术教育，其高质量的职业技术教育举世公认。"双元制"职业教育模式是德国职业教育的基本形式，20 世纪 70 年代以来逐渐向高等教育领域延伸，出现了采用"双元制"模式的"职业学院"及部分"专科大学"，其中德国的职业技术学院（Berufsakademie，缩写为 BA）在培养目标和培养模式方面，与我国的高等职业教育概念的内涵较为一致。

---

* 罗媛，中国教育科学研究院教育发展与改革研究所助理研究员。

一 德国"双元制"教育模式

在德国，青年人从提供学徒制课程的学校毕业后开始接受职前职业教育和培训，该体系被称为"双元制"，因为培训同时发生在两个学习场所——企业和职业学校，也可能在除职业学校和企业之外的职业培训机构中进行。

目前，德国约有40%的适龄青年人上大学，那些不能或不愿上大学的青年人绝大多数去接受不同形式的职业教育，其中又以接受双元制职业培训为主（约为70%），培训的人员是德国技术工人的主要来源。"双元制"由企业和职业学校共同完成职业培训，图1显示了德国"双元制"教育的基本框架。企业是主导方，职业学校是辅助方。企业与受训学生首先要签订培训合同，接受其为企业的学徒工，然后安排到职业学校学习，最后还要接受行业协会的考核。职业学校事实上是一个受托提供培训的"外包"机构。

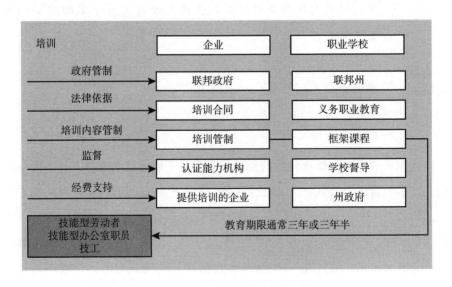

图1 "双元制"初始职业教育和培训

资料来源：BIBB. Training Regulations And How They Come About［EB/OL］．［2016－10－09］．https：//www. bibb. de/veroeffentlichungen/en/publication/show/7324。

接受双元制培训的学生，一般必须具备主体中学或实科中学（相当于我国的初中）毕业证书，学生一方面要在非全日制职业学校中接受专业的理论和文化知识的教育，另一方面要在企业中接受职业技能的培训，进行实践①。双元制职业教育的主要经费由联邦政府、州政府、地方政府、欧盟以及企业、工会、行业协会、私立机构等共同承担，其中企业是双元制教育的主体，承担职业教育的较大部分开支。职业学校方面的开支主要来自联邦州和乡镇的税收收入。

近年来，在德国又出现了第三种培训形式，即跨企业培训。学生在接受企业培训和学校教育的同时，每年抽出一定时间，到跨企业培训中心接受集中培训，作为对企业培训的补充和强化②。

二 企业参与职业教育的法律依据

德国对教育的管理、监督、组织实施，主要采用立法的形式来保证。他们坚持依法治教，颁布了许多职教法规，形成了一套内容丰富、互相衔接、便于操作的法律体系，有力地促进了职业教育的发展，为企业参与职业教育提供了法律依据。

（一）颁布和修订《职业培训法》确立参与实施职业教育的各级各类部门及职能

德国于 1969 年颁布了《联邦职业教育法》（The Vocational Training Act，德语简称 BBiG），经过 2005 年修订后，2005 年 4 月 1 日实施的最新版本的《联邦职业教育法》确立了职业教育的目的，规范了职业教育概念，它的内容非常丰富，包括：职前培训和职后培训（继续培训和转业培训）；培训企

---

① 中华人民共和国财政部国际司：《德国职业教育体系介绍》，［2016 - 10 - 09］. http：//gjs. mof. gov. cn/pindaoliebiao/cjgj/201308/t20130806_ 974355. html。

② 《德国双元制职业教育原来是这样做的！》，搜狐公众平台，［2016 - 10 - 10］. http：//mt. so hu. com/20160713/n459110978. shtml。

业和受培训者的关系，双方的权利和义务；对培训机构与人员资格的规定；对实施培训条例的监督和考试（包括资格证书的发放）；对职业教育的组织管理和职业教育研究的规定①。该法案的一大目标就是保障刚工作的年轻人获得充分的职业能力。在旧法案和新修订的法案中，政府宣布整个校外职业教育和培训领域都是公共事务，而其实施大量依赖于私营领域的雇主和公共管理部门。职业教育与培训领域所囊括的各级各类部门包括：企业（雇主）、行会（trade unions）、州政府、联邦政府。而根据《工作组织法》（The Works Constitution Act）和《职工代表法》（Employee Representation Act），行会有参与实施职业教育和培训的广泛权利。雇主协会则代表提供培训场所的企业（多数为私营机构）的利益②。

除了《联邦职业教育法》外，规范德国职业教育基本的法律还有：《联邦职业教育促进法》和《手工业条例》。此外，《青年劳动保护法》、《企业基本法》、《实训教师资格条例》以及各州的职业教育法和学校法等，都对基本法做了有益的和必要的补充。这些法律和法规，形成一个庞大的法律体系，规范和约束着具体的职业教育行为③。

（二）企业内职业教育和培训受到《联邦职业教育法》的统一管制

根据《联邦职业教育法》，校外的职业教育和培训由《联邦职业教育法》在全国进行统一治理，企业的培训课程框架需要与职业学校的框架课程相协调，从而形成相互补充。每个企业自行承担培训费用。特殊情况下，例如为弱势群体提供的企业内培训和企业间培训，受到州政府的补贴。然而，这并不影响企业应当为自身的职业培训提供经费的原则。

---

① 《德国双元制职业教育原来是这样做的!》，搜狐公众平台，［2016 - 10 - 10］，http：//mt. sohu. com/20160713/n459110978. shtml。

② BIBB. Training Regulations And How They Come About ［EB/OL］. ［2016 - 10 - 09］. https：//www. bibb. de/veroeffentlichungen/en/publication/show/7324.

③ 《德国双元制职业教育原来是这样做的!》，搜狐公众平台，［2016 - 10 - 10］. http：//mt. sohu. com/20160713/n459110978. shtml。

德国的职前职业教育与培训并不依赖于某个毕业文凭，而是对每个人开放。青年人与培训企业签订培训合同，建立起一种"受认可的培训职业"（recognized training occupation）的培训关系，而为 18 岁以下青年人提供的企业内职业培训必须是在政府认可的培训职业列表之内。《联邦职业教育法》规定职前教育与培训必须提供从事某项合格的职业活动所必要的能力、知识和技能。相关部门包括联邦经济与技术部以及联邦教育与研究部对受认可的培训职业（recognized training occupations）进行培训管制，这些管制主要规定企业内的职前教育和培训的最低标准。目前，德国有 331 个国家认可的培训职业可供选择。

除《联邦职业教育法》之外，还有一些职业由其他法案进行管制，例如，卫生职业由《护理法案》（Nursing Act）进行管制。企业内培训的"分类"的历史可以追溯到中世纪，表现在各行各业都有自身的手工业和贸易协会、行会、学徒制，这为 20 世纪初的现代化进程奠定了基础：随着工业化进程的开始，产业界开始借用手工业培训的理念并按照自身需求进行了改进。为了形成一个统一的培训标准，产业界通过建立一个强制性的技能和知识目录以及培训大纲对职业培训进行管制，这就排除了地区差异和行业差异。逐渐地，一个合格技能劳动者所需的"国家标准"得以产生。而这一进程未在其他具有工艺培训历史的工业国家产生。1953 年，手工业的职业培训开始得到《手工业条例》（Crafts Statutes）的管制。1969年，基督民主和社会民主大联合会（Grand Coalition of Christian Democrats and Social Democrats）最终通过了一项法律，规定雇主、行会、各大商会和政府机构要共同合作，推动为大部分人建立职业资格制度，即《联邦职业教育法》①。

双元制培训的开放性使企业灵活地为新一代提供培训的同时，也为雇员带来了职业灵活性。《2005 年联邦职业教育法》颁布后，受培训人还可以在

---

① BIBB. Training Regulations And How They Come About ［EB/OL］. ［2016 - 10 - 09］. https：//www. bibb. de/veroeffentlichungen/en/publication/show/7324.

国外接受部分职业培训教育，在国外期间的学习只要符合培训课程的目标且不超过规定的学习期限，在法律上就被看成是职业教育的一部分。

三 企业开展职业教育的管理体制

德国管理企业职业教育的体制呈宝塔形，从上到下依次是：职业教育总部（原来在柏林，现在波恩，负责整个德国的职业教育规划）、联邦州相关部门（负责制定法规，规定企业、学校应尽的责任）、区域负责人（负责落实本区域内的职业教育和培训）、企业负责人（负责本企业的培训）①。

（一）联邦教育部负责企业职业教育的管理

德国是一个联邦制国家，各州享有文化主权，所有的学校包括中小学、职业类学校和高等学校均属于州一级的国家设施，故各级各类学校教育的立法权在州一级（如州学校法）。其中的一个例外是，《高等学校框架法》为联邦立法。而最重要的一个特例是，作为德国职业教育主体的"双元制"职业教育的立法权在联邦一级。鉴于"双元制"是国家办的职业学校与私人办的企业合作开展职业教育的模式，所以职业学校这"一元"遵循州学校法，由州教育部管理；而"教育企业"② 这"一元"则遵循联邦职业教育法，由联邦教育部管理③。

（二）联邦州对企业职业教育拥有管辖权

各联邦州的文化教育部门拥有对本州各级各类学校包括职业学校的管理权。而对于双元制教育中的企业教育，联邦州则拥有管辖权。通过联邦职业

---

① 《德国双元制职业教育原来是这样做的!》，搜狐公众平台，［2016 – 10 – 10］. http：//mt. sohu. com/20160713/n459110978. shtml。
② 并非每个企业都有资格开展职业教育，只有经过资质认定的企业，即"教育企业"才能开展职业教育。
③ 姜大源：《德国联邦职业教育法·译者序》，《中国职业技术教育》2012 年第 10 期，第 71 ~ 88 页。

教育法授权给各行业协会负责企业职业教育的具体管理，主要包括企业职业教育办学资格的认定，实训教师资格的考核和认定，考核与证书颁发，培训合同的注册与纠纷仲裁等[①]。

（三）行会是企业职业教育的组织者

《2005 年联邦职业教育法》在第三部分"职业教育的组织"第 71 条中对各相关领域的行会机构作为职业教育培训组织者即主管机关进行了明确的说明，包括手工业协会，工商业联合会，农业协会，律师协会、专利律师协会和公证员协会，经济审计员协会和税务咨询员协会，医生协会、牙医协会、兽医协会及药剂师协会等。

根据《2005 年联邦职业教育法》，行会的主要职能包括：第一，对职业教育培训合同进行管理。根据《2005 年联邦职业教育法》第 10 条"合同"第 1 款规定：招收他人接受职业教育（教育提供者），须与受教育者签署职业教育合同，第 11 条"合同签署"第 1 款规定：合同应至少包含：职业教育的形式、内容和时间安排及职业教育目标，特别是教育应针对的职业活动；职业教育的开始时间和期限；教育机构外的教育措施；每天的正常教育时间；试用期限；报酬支付与金额；休假期限；解除职业教育合同的条件；以通用形式指明适用于该职业教育关系的工资合同、企业和公务协议。第二，组织考试。《2005 年联邦职业教育法》第 37 条"结业考试"第 1 款规定：对国家认可的教育职业须进行结业考试。第 39 条"考试委员会"第 1 款规定：主管机构须为实施结业考试成立考试委员会。第 47 条"考试条例"第 1 款规定：主管机构要颁布结业考试的考试条例，考试条例须经州最高主管当局批准；第 2 款规定：考试条例须对许可、考试安排、评价标准、考试证书颁发、违反考试条例的后果及补考做出规定。第三，对培训机构的资质进行审查。《2005 年联

---

① 《德国双元制职业教育原来是这样做的！》，［2016 - 10 - 10］，http：//mt. sohu. com/20160 713/n459110978. shtml。

邦职业教育法》第 32 条"资质监督"中第 1 款规定：主管机构负责监督教育机构及其人员的人品和专业资质；第 2 款规定：一旦发现资质缺陷，如其缺陷可以弥补且对受教育者不造成危害，主管机构应要求教育提供者限期弥补其缺陷。如资质缺陷不可弥补，或可能对受教育者造成危害，或在规定期限内未能弥补，主管机构应将有关情况通报州法律确定的主管当局[①]。

（四）能力认证机构对企业职业教育进行监督

职前职业教育和培训的实施与设计是企业自身的责任。企业是否具有"培训能力"，取决于是否有合适的培训设备以及是否能够聘请到具有合格职业资格的教师，能力认证机构负责对企业是否具有培训能力进行评估。如果企业自身无法提供教学培训内容，还有多种选择途径。例如，也可以通过企业间的培训中心来完成或是通过与其他企业建立培训联盟来实现。培训条例中规定的课程代表着最低标准，因此，每个企业都可以在其自身的培训中提供额外内容并为受培训人提供额外资格证书。

由企业和公共行政机构开展的初始职业教育和培训还受到能力认证机构的监督。"能力认证机构"（competent bodies）指各大商会（包括工商业联合会、手工业协会、农业协会、自由职业商会、医生商会等），公共服务能力认证机构、教会能力认证机构以及其他受到公法保护的宗教组织。

在《联邦职业教育法》的规定下，能力认证机构具有以下职能：

- 监督职业准备教育、职业教育和再次培训
- 对学徒制管理目录[②]进行维护，需要录入职业培训相关的主要内容
- 通过提供培训咨询为企业提供建议

---

① 姜大源、刘立新（译）：《（德国）联邦职业教育法（BBiG）》，《中国职业技术教育》2005年第 12 期，第 56~62 页。
② 为了保持该目录的完整和及时更新，提供培训的企业需要告知商会其所有的学徒制关系或培训合同的相关信息。

- 对培训教师的能力和培训设备进行监督
- 举行期中和期末考试或技术员考试
- 对在国外进行的职业教育培训进行监督和支持

根据《联邦职业教育法》，能力认证机构要成立职业教育和培训委员会，该委员会需要包括 6 名行会代表、6 名雇主代表和 6 名职业学校的教师。所有有关职业教育和培训的重要事务都要告知职业教育和培训委员会。同时，根据《联邦职业教育法》，能力认证机构还具有促进职业教育质量持续改善的职能。

四 对我国的启示

德国"双元制"职业教育模式下，企业和职业教育机构根据法律法规共同办学，并密切合作，"双元制"职业教育将在企业里进行的职业技能和相关工艺知识的教育与在职业学校里进行的职业专业理论和普通文化知识进行了很好的结合。在以下几个方面对我国民办高职教育开展校企合作具有借鉴意义。

第一，制定了完善的法律法规。为了规范联邦职业教育，德国制定了完备的联邦职业教育法律法规，企业和职业学校必须严格遵守和执行。这些法律法规，保护了学生接受职业教育的权利，规定了企业和职业学校双元打造人才的义务，完善了职业教育的管理，促进了职业教育的蓬勃发展。

第二，充分发挥企业在职业培训中的重要责任。在德国，企业与政府共同承担职业教育的经费支出，企业参与职业教育受到相关行业协会的监督，学生在企业的培训费用完全由企业承担，培训学生是企业的应尽责任。企业把职业教育作为自己的事业来做，并将培训教育作为对企业未来的投资，保障了职业技术人才的培养质量。

第三，积极发挥行业机构的作用。在德国，高职教育的专业设置和教材编写由学校和行业企业共同参与，在教学质量控制上则由行业协会和企业共同进行，行会需要负责对职业教育培训合同进行管理、组织考试和对培训机构的资质进行审查，此外，包括各大商会在内的"能力认证机构"需要对企业职业教育进行监督。而我国很多高职学校的教学质量缺乏社会及行业专家的有效参与，因此，应充分借鉴国际经验，让行业机构充分参与到高职教育的质量评价和保障之中。

美国私立高等职业教育的政策与实践

罗 媛*

摘 要： 在美国，提供高等职业教育的院校类型从学制来看包括2年以下学制、2年制和4年制这三种类型。从公、私立院校类型来看，高职院校类型可以分为公立院校、私立营利型院校和私立非营利型院校。本文在介绍美国高职教育的法律政策和质量保障制度的基础上，分析了不同类型高职院校的办学规模，对比了营利性高职院校与公立社区学院相比所具备的办学特色，对我国民办高职差异化办学具有一定的借鉴意义。

关键词： 美国生涯技术教育 营利性学院 社区学院

美国高等职业教育产生于19世纪二三十年代，伴随着美国经济的发展而发展。20世纪60年代，在高等教育大众化的背景下，美国高职教育开始大规模发展技术学院和社区学院，高职院校的规模不断大，类型也非常多样，其中私立高职院校发挥着重要作用，办出了自身特色。

一 私立高等职业教育的相关法律政策

（一）将"职业教育"更名为"生涯技术教育"，体现职业生涯教育新内涵

美国联邦政府自1917年《史密斯－休斯全国职业教育法》（The Smith-

---

* 罗媛，中国教育科学研究院教育发展与改革研究所助理研究员。

Hughes National Vocational Education Act）出台就开始资助职业教育，当时主要关注于农业领域的技能培训。1984 年，为了促进各州加强高质量的职业技术教育从而加强国家的经济基础、促进人力资源的发展、降低结构性失业率、提高生产效率、加强国防，联邦政府又出台了《卡尔·D. 帕金斯职业教育法》。2006 年颁布并实施的《卡尔·D. 帕金斯生涯技术教育修正案》（Carl D. Perkins Career and Technical Education Act of 2006），即《帕金斯法案（四）》（Perkins IV）以法律形式正式把美国沿用多年的"职业教育"（Vocational Education，VE）或"职业技术教育"（Vocational and Technical Education，简称 VTE）更名为"生涯技术教育"（Career and Technical Education，简称 CTE）。为了一改"职业教育"概念中包含的低水平课程、就业培训和单一选择的印象，《帕金斯法案（四）》对"生涯技术教育"进行了定义，是指包括以下几个方面内容的有组织的教育活动：①提供以下方面的系统课程：a）为个人提供严格一致的课程内容，该课程需具有较高学术标准、能够为学生接受更高层次的教育或者进入职场做技术知识和技能上的准备；b）提供技术技能资格水平考试、行业认证的资格证书或副学士学位；c）可能包括一些预备课程；②包括以能力为基础的应用性学习，从而是学生具备学术知识、高层次推理能力、问题解决技能、工作态度、整体就业技能、技术技能、职业相关技能以及有关某一行业的全面知识[1]。该定义表明，"生涯技术教育"不再是交给学生工作入门时所需要的有限技能，而是帮助学生为未来的职业生涯做好准备。

（二）重视对学业成就和技术技能水平进行问责

根据 2006 年《卡尔·D. 帕金斯生涯技术教育修正案》，美国职业技术教育改革正朝着注重问责的改革取向。2012 年 4 月，美国联邦教育部颁布《投资美国的未来：职业技术教育改革蓝图》报告书，主张应提高所有学生的学业成就，建构技术水平和可就业技能，基于共同的目标和绩效规格予以

---

[1] U. S. Department of Education. National Assessment of Career and Technical Education：Final Report to Congress ［EB/OL］. ［2016 - 10 - 10］. https：//www2. ed. gov/rschstat/eval/sectech/nacte/career-technical-education/final-report. pdf.

问责。美国大学与职业准备中心对各州实施和保证职业技术教育计划提出了有效的建议：①分享重视职业技术教育作为大学与职业准备通道方面的研究与信息；②为优秀的工商业界专业从事职业技术教育教学的教师提供选择性资格证书；③为职业技术教育教师队伍提供高质量专业发展机会；④依据高质量职业技术标准调制严格的课程标准；⑤向工商业界征求大学与职业准备期望的反馈建议；⑥鼓励学区建立普通教育和职业教育教师合作的学习共同体；⑦学校、学区和高等院校建立联系①。

（三）颁布《共同生涯技术核心标准》

2012年6月18日，美国颁布了《共同生涯技术核心标准》（Common Career Technical Core Standards），首次在全美各州和地区范围内建立了一系列共同标准——共同生涯技术核心（the Common Career Technical Core），即在知识经济社会职业教育阶段的学生在知识和能力上将要达到的标准②。《共同生涯技术核心标准》是一项联邦发起的改革计划，旨在建立一套各州共同分享的高质量的职业技术质量标准，涉及16大职业生涯群以及相关的职业生涯准备实践领域。共同职业技术核心标准针对全体青少年学生，为他们提供学术和职业的综合教育，帮助他们为生活和职业成功做好准备③。

二 私立高等职业教育的质量保障

美国私立高等职业教育的质量保障包含在高等教育质量保障的框架之中，美国设有质量认证机构来监督和保障高等教育的质量，这些机构的专家由高校的志愿者组成，通过同行评议对高校进行评价。质量认证机构有三种：区域性认证机构，

---

① 谌启标：《新世纪美国职业技术教育标准改革述评》，《职教论坛》2013年第34期，第90~93页。
② National Association of State Directors of Career Technical Education Consortium. The state of Career Technical Education：An Analysis of State CTE Standards［EB/OL］. ［2016 – 11 – 10］. https：//www. careertech. org/sites/default/files/State-CTE-Standards-ReportFINAL. pdf.
③ 谌启标：《新世纪美国职业技术教育标准改革述评》，《职教论坛》2013年第34期，第90~93页。

负责公立和私立非营利授予学位的高校进行质量评价；全国性认证机构，负责对大多数营利型和不授予学位的高校进行质量评价；专业性认证机构，负责对某个专业领域内的学术项目进行质量评价，如医学、法学或教师教育①（见表1）。近年来，日益多的营利性高校也开始由区域性认证机构进行认证，而6大全国性认证机构则主要认证不授予学位的高校或高职院校，以及专业型或职业型授予学位的高校②。

表1　美国高校质量认证机构类型*

	区域性认证机构	全国性认证机构	专业性认证机构
高校类型	授予学位的学院或大学所有公立学校和大多数私立非营利性学校	多数为职业学校 多数为营利型学校	专业学校、学校内部的学习项目 不同类型学校相混合
认证机构列表	中部各州高等教育委员会（Middle States Commission on Higher Education） 新英格兰院校协会（New England Association of Schools & Colleges） 中北部大中学校联合会高等教育委员会（North Central Association of Colleges and Schools Higher Learning Commission） 西北部高校委员会（Northwest Commission on Colleges and Universities） 南部院校协会（Southern Association of Colleges and School） 西部院校协会（Western Association of Schools and Colleges）	生涯院校认证委员会（Accrediting Commission of Career Schools and Colleges） 继续教育和培训认证协会（Accrediting Council for Continuing Education and Training） 独立院校认证协会（Accrediting Council for Independent Colleges and Schools） 职业教育协会（Council on Occupational Education） 远程教育和培训协会（Distance Education and Training Council） 跨国基督教院校协会（Transnational Association of Christian Colleges and Schools）	护理教育认证委员会（Accreditation Commission for Education in Nursing） 神学院协会认证委员会（Commission on Accrediting of Association of Theological Schools） 全国音乐学院协会认证委员会（Commission on Accreditation of National Association of Schools of Music） 按摩治疗认证委员会（Commission on Massage Therapy Accreditation） 美国律师联合会协会法律教育部（Legal Education Section Council of American Bar Association） 教师教育全国认证协会（National Council for Accreditation of Teacher Education）

Legislative Analyst's Office. Oversight of Private Colleges in California［EB/OL］. ［2017 – 11 – 01］. http：//www. lao. ca. gov/reports/2013/edu/oversight/oversight – 121713. pdf.

---

① American Council on Education. An Overview of Higher Education in the United States：Diversity，Access，and the Role of the Marketplace ［EB/OL］. ［2017 – 11 – 01］. http：//www. acenet. edu/news-room/Pages/An-Overview-of-Higher-Education-in-the-United-States. aspx.

② Legislative Analyst's Office. Oversight of Private Colleges in California［EB/OL］. ［2017 – 11 – 01］. http：//www. lao. ca. gov/reports/2013/edu/oversight/oversight – 121713. pdf.

美国的私立营利性学院有的是获得地区认证的机构，有的则是由两所认证机构进行认证——私立学院和学校协会（Association of Independent Colleges and Schools）和全国贸易和技术学校协会（National Association of Trade and Technical Schools）。尽管私立营利性学院主要强调的是为职业准备并提供应用性教育，但是这些学院也将普通教育融入技术学位课程之中，并为广泛的学生提供支持服务。这些私立营利性学院与公立两年制和四年制学院日益趋同，因而，为了获得认证和经费资助，一些营利性学院也开始增加融入普通教育的学位项目、改进学生服务并改变单一以营利为目的的态度①。

三　私立高等职业教育的类型和规模

在高等教育阶段，提供生涯技术教育的院校类型从学制来看包括 2 年以下学制、2 年制和 4 年制三种类型。2 年以下学制院校通常授予证明在不到两年内完成学习项目的资格证书；2 年制院校同时授予副学士学位和资格证书；4 年制院校主要在学生完成 4~5 年的学业后授予学士学位。从公、私立院校（即该院校主要在公共资助还是私人资助下运行）类型来看，私立生涯技术教育的院校类型可以分为：私立营利型院校（其中大量为 2 年制或 2 年以下制院校）和私立非营利型院校（大部分为私立 4 年制院校）。

2013 年，美国共计有 7236 所生涯技术教育院校。4 年制生涯技术教育院校数量为 3050 所，其中公立型 692 所、私立非营利型 1597 所、私立营利型 761 所；2 年制生涯技术教育院校数量为 2209 所，其中公立型 1028 所、私立非营利型 162 所、私立营利型 1019 所；2 年以下学制生涯技术教育院、校数量 1977 所，其中公立型 260 所、私立非营利型 75 所、私立营利型 1642 所（见图 1）。

---

① National Center for Postsecondary Improvement. For-profit College and Community Colleges ［EB/OL］.［2017 - 10 - 11］. http：//ccrc. tc. columbia. edu/media/k2/attachments/for-profit-higher-education-community-colleges. pdf.

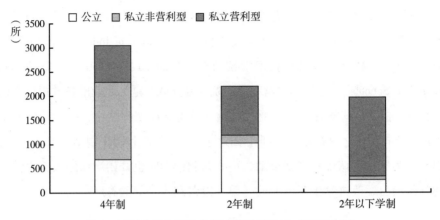

图1 不同类型生涯技术教育院校的数量（2013年）*

* National Center for Education Statistics. Table P143. Number and Percentage Distribution of Title IV Postsecondary Institutions that Offer Programs at Each Undergraduate Credential Level, Overall and for Occupational Education Programs, by Level and Control of institution: United States, 2013 ［EB/OL］. https: //nces. ed. gov/surveys/ctes/tables/P143. asp.

　　从院校类型的比例来看，4年制生涯技术教育院校占42.20%，2年制生涯技术教育院校占30.50%，2年以下学制生涯技术教育院校占27.30%；公立生涯技术教育院校占27.40%，私立生涯技术教育院校占72.60%（见图2）。

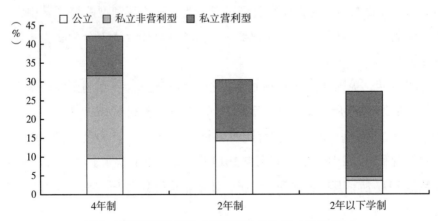

图2 不同类型生涯技术教育院校的比例（2013年）*

* National Center for Education Statistics. Table P143. Number and Percentage Distribution of Title IV Postsecondary Institutions that Offer Programs at Each Undergraduate Credential Level, Overall and for Occupational Education Programs, by level and control of institution: United States, 2013 ［EB/OL］. https: //nces. ed. gov/surveys/ctes/tables/P143. asp.

2011～2012 学年，高等教育阶段就读生涯技术教育的学生总数共计 2228.80 万人，其中攻读资格证书的学生人数为 185.10 万人，就读副学士学位的学生人数为 974.50 万人，就读学士学位的学生人数为 1069.1 万人，就读学士学位的学生数量和就读副学士学位的学生规模几乎同样大（见图 3）。在攻读资格证书的学生中，就读职业教育的学生数为 174.70 万人（94.38%），就读学术教育的学生数为 7.70 万人（4.16%）；在就读副学士学位的学生中，就读职业教育的学生数为 670.10 万人（68.76%），就读学术教育的学生数为 284.20 万人（29.16%）①。

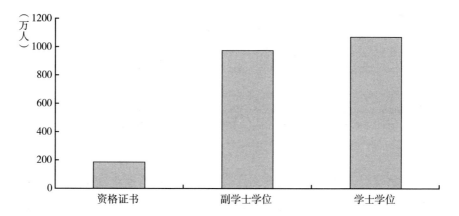

图 3　就读不同学历资格的生涯技术教育学生数（2011/2012 学年）＊

＊ National Center for Education Statistics. Table P124. Percentage distribution of credential-seeking undergraduates within each credential goal and curriculum area, by control and level of institution：2011－12 ［EB/OL］. https：//nces. ed. gov/surveys/ctes/tables/p124. asp.

2014 年，公立生涯技术教育院校授予学位/资格证书的比例为 61.00%，私立生涯技术教育院校授予学位/资格证书的比例占 39%，其中以私立营利型生涯技术教育院校为主，所授予的学位/资格证书的比例为 34.30%，私

---

① National Center for Education Statistics. Table P124. Percentage Distribution of Credential-seeking Undergraduates Within Each Credential Goal and Curriculum Area, by Control and Level of Institution：2011－12 ［EB/OL］. https：//nces. ed. gov/surveys/ctes/tables/p124. asp.

立非营利型生涯技术教育院校授予的学位/资格证书的比例为 4.70% （见图4）。

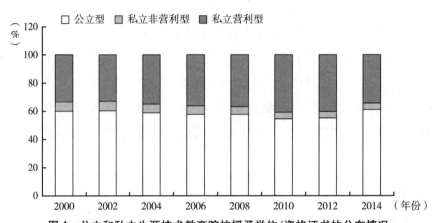

图4　公立和私立生涯技术教育院校授予学位/资格证书的分布情况
（2000年/2002年/2004年/2006年/2008年/2010年/2012年/2014年）*

* National Center for Education Statistics. Table P165. Percentage Distribution of Subbaccalaureateoccupational Education Credentials Awarded by Title Ⅳ Postsecondary Institutions, Control, and Level of Institution and Credential Level: United States, Selected Years 2000 to 2014 ［EB/OL］. https://nces. ed. gov/surveys/ctes/tables/P165. asp.

从学制来看，公立2年制的生涯技术教育院校所授予的学位/资格证书比例最高，2014年该比例为51.30%；其次为2年制或2年以下学制的私立营利型生涯技术教育院校，所授予的学位/资格证书比例分别占13.2%和12.8%；私立非营利型生涯技术教育院校所授予的学位/资格证书比例整体较低，其中占比最高的是4年制私立非营利型生涯技术教育院校，所授予的学位/资格证书比例占3.2%。

表2　部分年份不同类型生涯技术教育院校授予学位/资格证书的分布情况*

单位：%

学制	2000年	2002年	2004年	2006年	2008年	2010年	2012年	2014年
公立4年制	3.9	3.9	3.7	4.1	5.0	5.5	6.1	7.5
公立2年制	48.7	51.3	51.2	50.8	50.2	46.3	46.7	51.3
公立2年以下学制	7.3	5.1	3.9	2.7	2.5	2.6	2.2	2.2

学制	2000 年	2002 年	2004 年	2006 年	2008 年	2010 年	2012 年	2014 年
私立非营利型(4 年制)	3.6	3.8	3.3	3.4	3.6	2.9	2.9	3.2
私立非营利型(2 年制)	2.5	2.0	1.9	1.7	1.2	1.0	1.3	1.0
私立非营利型(2 年以下学制)	0.6	1.2	1.0	1.0	0.7	0.9	0.6	0.5
私立营利型(4 年制)	2.9	3.5	4.1	5.5	6.8	8.8	10.1	8.3
私立营利型(2 年制)	13.2	12.1	13.4	14.4	14.8	17.5	16.1	13.2
私立营利型(2 年以下学制)	17.2	17.2	17.5	16.4	15.3	14.6	14.1	12.8

* National Center for Education Statistics. Table P165. Percentage DiStribution of Subbaccalaureateoccupational Educationcredentials Awarded by Title IV Postsecondary Institutions, Control, and Level of Institution and Credential Level: United States, Selected Years 2000 to 2014 [EB/OL]. https://nces. ed. gov/surveys/ctes/tables/P165. asp.

从学费标准来看,2010~2011 学年,私立非营利型 4 年制院校的学费最高,为 27293 美元,其次为公立 4 年制院校面向州外学生的收费,为 19595 美元,再次为私立营利型院校,为 13935 美元。

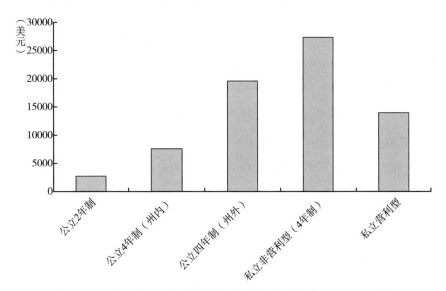

图 5　不同类型生涯技术教育院校的学费水平 (2010/2011 学年)*

* The College Board. Trends in Community College Education: Enrollment, Prices, Student Aid, and Debt Levels [EB/OL]. [2016 - 11 - 01]. https://trends. collegeboard. org/sites/default/files/trends-2011-community-colleges-ed-enrollment-debt-brief. pdf.

四 私立两年制学院办学案例

在美国，两年制学院大概招收660万名学生。两年制学院有私立与公立之分。私立两年制学院，又称为营利性学院、职业学院、技术学院，为学生提供短期证书和副学士学位，专业领域从计算机编程到理发，非常广泛。这些学院主要面向中下收入的工人阶级家庭背景的学生。美国的社区学院（Community College）也是高等职业教育较成熟的办学模式，根据美国社区学院协会的定义，社区学院是指颁发副学士学位作为最高学位的地区性被认可的公立高等教育院校。法律规定这类院校只能授予副学士学位，但同时可与四年制大学联合授学士学位。据调查，在私立两年制学院获得副学士学位和职业证书的学生收入要高于公立社区学院的学生8个百分点。而与那些没有接受过任何高等教育的人相比，私立两年制学院的毕业生每年的教育能够多带来7个百分点的收入。可见，尽管私立两年制学院的声誉很一般，相对于公立社区学院，它能够为学生提供更好的教学和生涯服务①。与公立的社区学院相比，营利性学院提供的教育更为灵活、方便、应对性强。社区学院提供的主要是"教育"，而营利性学院提供的主要是"培训"各种技能。

据统计，仅在加利福尼亚州就有3800多所私立两年制学院，但是多数学院的规模很小，平均在校生数仅为350人，与这一数据形成对比的是，全国社区学院的平均在校生数为6000人。私立两年制学院主要以营利性机构的形式进行办学，在加利福尼亚州，仅有8%的私立两年制学院获得非营利或宗教性机构所享有的税收减免②。

---

① Cellini, S. R. & Chaudhary L. (2011). The Labor Market Returns to Private Two-Year Colleges [EB/OL]. [2017 – 10 – 11]. https：//frbatlanta. org/-/media/Documents/news/conferences/2011/employment-education/cellini. pdf.

② Cellini, S. R. & Chaudhary L. (2011). The Labor Market Returns to Private Two-Year Colleges [EB/OL]. [2017 – 10 – 11]. https：//frbatlanta. org/-/media/Documents/news/conferences/2011/employment-education/cellini. pdf.

（一）办学宗旨

营利性学院通常提供有限的培训项目，它们主要在商业管理和会计、计算机科学、电子技术以及专职医疗等专业领域招收学生。以 Tech 学院（Tech College）为例，该校仅在以下专业提供 9 个学位项目（包括副学士学位和学士学位）：技术、电子通信和商业（偏重技术）。该校的宗旨是：为多样化的学生提供商业和技术领域的高质量、职业生涯导向的高等教育项目，这些项目将融合普通教育从而提高毕业生的性格发展和职业生涯潜力。与这一宗旨形成对比的是，某社区学院的宗旨是：为个人、企业和公共机构提供职业生涯、文理课程、发展教育、转学准备、合作实习、继续教育和培训项目。可见，与社区学院的多重目标相比，Tech 学院的办学目标更为单一和明确，主要以职业准备为导向。Tech 学院陈述其办学目标如下：

- 教师通过经常性评估和向其他教育者与商业领导者进行咨询提供应用导向的学习项目；
- 灵活多样的日程安排以满足传统和非传统学生的个性化需求；
- 通过提供基本技能评估和发展服务帮助学生认识自身潜力；
- 为学生提供能够帮助他们成功和进步的服务；
- 提供职业生涯发展战略和就业帮助，推动学生向职业生涯顺利过渡；
- 提供高质量、具有发展动力的毕业生，满足当前劳动力市场的需求。

可见，营利性学院每一个具体目标都是为了帮助个体学生取得职业生涯的成功。形成对比的是社区学院的办学目标：

- 对学生群体、技术和全球经济变化做出有创造力的反应；
- 为多样化的学生群体提供广泛的支持服务和机会；
- 通过项目评估和教学创新建立高标准；
- 保持高质量的教职工队伍并促进他们的专业发展；
- 为学生参与城市、国家和世界的经济与社会生活提供准备；
- 培养与企业、社区群体、政府和公立学校之间的伙伴关系，促进

（城市的）经济、社会、文化和教育发展。

可见，公立社区学院的目标要宽泛得多，且并不直接提及职业准备。

（二）入学筛选程序

在入学筛选上，营利性学院与公立社区学院也存在区别。Tech 学院在入学的时候要举行数学、几何、阅读和写作的分班考试，学生根据考试分为三组，第一组的学生是通过所有考试的，他们可以就读常规课程；第二组的学生，也就是"发展性"学生，在几何、阅读、写作方面有一项不合格，他们要参加学院的发展教育课程；最后一组是有两项不及格的学生，他们将不被录取。

公立社区学院则实行开放入学政策，学生只要展现了有能力通过接受高等教育受益，并且有高中毕业证、GED 证书或在分数上、SAT 或 AP 考试中体现学术能力的学生，都可以得到录取。但社区学院也有一定的入学限制，大部分（58%）社区学院要求学生接受阅读、写作和数学成绩测试，75%的社区学院根据测试成绩为学生提供补充或发展教育。大部分社区学院通过对参加过多次补充课程的学生增加学费来限制他们参加补充课程的次数。

（三）课程与教学

在课程开发上，营利性学院采取的是集中开发标准化课程的方式。标准化的教材能够形成对课程内容和教学方法的指导，使学生能够在灵活的日程安排中照样连贯一致地完成课程的学习。以 Tech 学院为例，有经验的教师先开发出标准化课程，只要不影响课程目标的实现，其他教师可以在该指南建议的教学方法基础上进行一定的发挥，这样能够保障不论是新手教师还是兼职教师都能够运用一个统一的课程框架来设计学生的学习活动。Tech 学院的课程开发通常需要花费数月，时间长于公立社区学院。以应用技术几何这门课程为例，数学和工程学教师先要对课程进行设计，然后由数学和工程学系课程委员会、学院课程委员会、教授会和州高等教育部依次对课程进行审批。多数新课程都遭遇几个相似的难关：系层面的审批，然后是学校层面，再是学术界层面，最后是州或地区主管部门的审批。而在社区学院，教师有充分的自主权去设计课程内容和教学方法，因此也不需要去获得州层面的审批。

在课程的内容上，与传统的大学不同，营利性学院强调课程的应用性，学生花费大量时间在实验室中应用课堂所学了解如何解决问题，Tech 学院同样如此。在该学院，实验室几乎贯穿每一节技术课程和一些学术课程。而在社区学院，实验课程通常会推迟到第二或第三次课，专业技术课程通常只是结合实验课，而概论性的课程则是大型讲座形式。

Tech 学院教师通常将普通教育课程与实际应用相结合，概论性的普通教育课程也与职业生涯领域相融合。这些融合性的课程能够提供学生的自我驱动能力和领导力，相关课程如：专业、商业或技术写作；技术和伦理；技术中的社会问题。尽管社区学院也有一些融合性课程，将学术课程与职业课程相互结合，但是真正做到的学院不多。

此外，营利性学院的课程相较于社区学院结构性更强。营利性学院的课程选择较为有限，而社区学院的课程广泛多样，并且鼓励学生从中进行选择，课程的一致性由专业分类来保障，学生只要在相应的学科中获得足够的学分就能够达到毕业要求，即使在同一专业中，学生也有广泛的课程选择。在具体的职业领域，学生也有多重选择，在很多社区学院，学生甚至不需要选择专业。

（四）学生服务

营利性学院通常非常重视在招生、咨询和实习就业方面为学生提供连贯的服务。在招生方面主要采取的是市场营销策略，由专业的招生官员向家长或学校群体介绍本校。为了激励招生官员招收到更多优秀学生，Tech 学院会依据他们招收到学生的毕业率来发放奖金。为了展现专业和技术型院校的形象，Tech 学院创建了一个先进的计算机实验室。该计算机实验室不仅有300 台崭新的电脑，而且整个实验室全部由玻璃幕墙组成，以吸引更多的学生的到来，很多学生在实验室中自由学习，教师则穿梭其中给予相应指导，呈现出一种专业精神和充满秩序的景象。在生涯指导和就业服务方面，Tech 学院在每一个校区都聘用了 5 名全职的就业指导教师，专门帮助学生在学习期间寻找兼职并在毕业后寻找全职工作。学院鼓励每一名学生尽早开始积累就业经验，校友在毕业后还能够使用学院的就业服务。该学院还建立了一个有关招聘企业、招聘广告、招聘会的全国性数据库，从而为学生和校友提供广泛的职业生涯指导。此外，Tech 学院还追踪毕业生的就业状况并在该学院的网站上公布相关数据。相较之下，社区学院的招生、咨询和就业服务就没有营利性学院这么系统，在大多数社区学院，学生都需要去不同办公室咨询经费资助、学费转换、课程选择和就业规划方面的问题，不同社区学院所能够提供的就业咨询也不平衡，就业和实习安排也显得准备不足。

五　对我国的启示

一是要树立正确而科学的职业教育观。美国通过出台法律法规，进一步明确和提升了职业教育的内涵，将职业教育从"低水平课程、就业培训和单一选择"的固有印象提升为"具有较高学术标准的、能够为学生接受更高层次的教育或者进入职场做技术知识和技能上的准备"的教育，体现出了职业教育的重要地位和作用。我们应当借鉴美国经验，转变思想观念，从经济建设和社会发展的战略高度重新认识职业教育的地位。

二是要完善民办高职教育质量保障机制。美国重视对职业教育领域学生学业成就和技术技能水平的问责，建立了统一的职业技术教育标准，实行了高等教育质量认证体系，体现了就业优先、技术本位、质量至上和问责为重的政策取向。在此方面，我国也应当建立明确的高职教育办学质量标准，进一步落实民办高职教育质量保障和评估制度，保障人才培养的质量。

三是引导民办高职院校的差异化发展。美国的营利性学校为学生提供商业和技术等有限领域的高质量、以职业准备为导向的高等教育项目，办学目标更为明确。此外，严格的入学筛选、应用性强的课程、系统的实习就业指导都使其有别于社区学院并具有自身特点和优势。因此，我们应当借鉴国际经验，通过创新校企合作方式、加强实践课程、促进就业等举措促进民办高职院校的差异化发展和高质量办学。

后　记

　　《中国民办教育发展报告：民办高等职业教育》是中国教育科学研究院推出的民办教育蓝皮书之一。该报告也是中国教育科学研究院"全国民办教育协作创新联盟"的协作成果，由中国教育科学研究院教育发展与改革研究所（原教育政策研究中心）与权威数据调查机构"麦可思"研究院共同承担课题的研究撰写任务，课题负责人为中国教育科学研究院教育发展与改革研究所所长吴霓研究员，"麦可思"研究院王伯庆院长给予了大力支持和协助。

　　近年来，民办高等职业教育取得了较快速的发展，逐渐成为我国高等教育的一个重要组成部分，为社会提供了丰富多样、优质特色的民办教育服务，也成为我国教育事业发展的重要增长点和促进教育改革的重要力量。本报告在全面描述全国和各省区民办教育总体发展状况的基础上，运用教育统计数据呈现了民办教育的最新发展状况以及与上一年对比体现出的变化特征。同时，聚焦民办高等职业教育，从政策背景和办学实践、国内与国际多个维度进行研究，分析我国民办高等职业教育的发展特征和趋势。尤为具有特色的是，选取了部分国外和国内民办高等职业院校的典型案例进行分析，为未来民办高等职业教育的发展提供了鲜活的经验和政策参考。本报告是国内第一部关于民办高职教育发展的报告，填补了相关研究的空白。

图书在版编目（CIP）数据

中国民办教育发展报告. NO.2，民办高等职业教育／
吴霓等著. －－北京：社会科学文献出版社，2019.11
ISBN 978－7－5201－5776－6

Ⅰ.①中…　Ⅱ.①吴…　Ⅲ.①社会办学－研究报告－
中国－2019　Ⅳ.①G522.74

中国版本图书馆 CIP 数据核字（2019）第 238588 号

中国民办教育发展报告 NO.2
——民办高等职业教育

著　　　者／吴　霓　等

出 版 人／谢寿光
组稿编辑／邓泳红　陈　颖
责任编辑／陈晴钰
文稿编辑／陈晴钰　陈　颖　桂　芳

出　　　版／社会科学文献出版社·皮书出版分社　（010）59367127
　　　　　　地址：北京市北三环中路甲29号院华龙大厦　邮编：100029
　　　　　　网址：www.ssap.com.cn
发　　　行／市场营销中心（010）59367081　59367083
印　　　装／三河市龙林印务有限公司

规　　　格／开　本：787mm×1092mm　1/16
　　　　　　印　张：14.5　字　数：219千字
版　　　次／2019年11月第1版　2019年11月第1次印刷
书　　　号／ISBN 978－7－5201－5776－6
定　　　价／98.00元

本书如有印装质量问题，请与读者服务中心（010－59367028）联系